Journalism & Communication

Research on
the Evaluation Index System of
Product Innovation of
China's New Media

# 中国新媒体产品创新的
# 评估指标体系研究

易钟林 著

上海交通大学出版社
SHANGHAI JIAO TONG UNIVERSITY PRESS

## 内容提要

本书对中国新媒体产品创新进行研究分析,提出新媒体产品创新的概念,将中国新媒体服务产品按照媒介功能分为四大类,并从具体的新媒体产品创新出发,研究中国新媒体行业的创新情况。研究引入社会学经典理论——行动者网络理论,分析在新媒体产品创新过程中所包括的多种行动者,以及各行动者之间相互影响的作用机理,具有一定的创新性。本书构建了新媒体产品创新的评估指标体系,为新媒体产品创新体系提供了一个新的研究方法,并建立了可以测量产品创新及其企业创新的指标体系。

本书适合新媒体从业者、管理者和相关研究者使用。

## 图书在版编目(CIP)数据

中国新媒体产品创新的评估指标体系研究/ 易钟林
著.—上海:上海交通大学出版社,2019
ISBN 978 - 7 - 313 - 22564 - 1

Ⅰ.①中…　Ⅱ.①易…　Ⅲ.①传播媒介-研究-中国
Ⅳ.①G219.2

中国版本图书馆 CIP 数据核字(2019)第 293742 号

中国新媒体产品创新的评估指标体系研究
ZHONGGUO XINMEITI CHANPIN CHUANGXIN DE PINGGU ZHIBIAO TIXI YANJIU

著　　者:易钟林

出版发行:上海交通大学出版社 　地　　址:上海市番禺路 951 号
邮政编码:200030 　电　　话:021 - 64071208
印　　制:当纳利(上海)信息技术有限公司 　经　　销:全国新华书店
开　　本:710 mm×1000 mm　1/16 　印　　张:8.5
字　　数:127 千字
版　　次:2019 年 12 月第 1 版 　印　　次:2019 年 12 月第 1 次印刷
书　　号:ISBN 978 - 7 - 313 - 22564
定　　价:48.00 元

# 前　言
Preface

　　媒介融合时代，媒体的边界越来越模糊，其融合之处就是创新的频发地带。创新—发展一般源于发现问题或需求，因为它最能触发研发创新来解决问题及满足需求。创新—发展并非单纯的技术—经济现象，社会文化背景、政治法律制度、科技教育、专利、R&D（Resource and Development）资助、税收等，都是推动创新的关键因素。

　　企业是创新体系的核心要素和创新扩散的沃土，从发现问题，投入资金进行研究，创新产生、商业化，到做出决策，向推广机构转让创新，与潜在用户的沟通及交流，进入创新的采用，再到创新的结果，都是创新—发展的重要组成部分。企业的创新成果通过具体的产品体现出来，把新理念包装成可以满足潜在需求的产品，以提供创新的消费体验来获取价值。

　　新媒体产品基于互联网技术、信息通信技术和广播电视技术，其中互联网技术是核心。2011 年中国"电信网、广播电视网、互联网"三网融合方案实施，2013 年底 4G 牌照正式发放，2019 年 5G 网络商用正式上线，互联网技术的换代升级，使新媒体产品如虎添翼，迅速成长，朝着网络多元化、宽带化、综合化、智能化的方向发展，以 iPhone 智能手机为代表，智能移动终端设备普及率快速提升，媒体与各行各业的边界更深入地交叉融合，形成你中有我、我中有你的格局。

本研究对中国新媒体产品创新情况进行调查分析，对新媒体产品创新的产品因素、组织因素、市场因素和经济技术环境因素 4 个一级指标和 17 个二级指标进行研究分析，在此基础上构建了新媒体产品创新的评估指标体系。

构建新媒体产品创新的评估指标体系的主要目标在于评估新媒体企业的 4 个问题：① 新产品是否具备创新性；② 新媒体企业组织是否具备产品创新的可能；③ 新产品是否能获得市场认可；④ 社会政治经济环境和科学技术发展是否有利于新媒体产品创新。

通过实证研究分析构建出中国新媒体产品创新的评估指标体系，并在案例实证研究中得到应用和验证，研究结果表明此评估体系具有科学性和可操作性。

本书研究的创新点在于：

（1）研究视角创新。以往关于新媒体创新的研究主要集中在宏观的管理创新，而本研究提出新媒体产品创新的概念，将中国新媒体服务产品按照媒介功能分为四大类，并从具体的新媒体产品创新出发，研究中国新媒体行业创新的整体，从具体微观的角度探索新媒体产品创新的历史和现状。

（2）跨学科的理论研究。本研究将社会学经典理论——行动者网络理论引入新媒体创新中，研究在新媒体产品创新过程中包括哪些行动者，以及各行动者之间相互影响的作用机理。

（3）构建了新媒体产品创新的评估指标体系及模型。本研究构建了一套完整的新媒体产品创新的评估指标体系，为新媒体产品创新提供了一个新的研究方法，并建立了可以测量产品及其企业的指标体系。

在社会整体大形势下，媒体融合和新媒体创新成为社会共识。在产品创新中，不能沉迷技术，同时也不能迷信用户。一方面，了解技术的发展趋势、未来前景以及应用范围，比精通技术更重要。另一方面，虽然能理解用户需求的人不少，但不简单迎合，而是引导并让用户形成新的行为习惯，还未成为产品创新的主流思维。与此同时，信息网络技术使创新节奏加快，产品创新的时间、人力和物力的消耗都大大降低。这要求产品创新节奏更快，"瀑布式不间断创新"应成为新媒体行业产品创新的工作常态。

成功的新产品或新服务开发要求一种综合平衡的新产品生态系统。新媒体产品创新中，产品因素、组织因素、市场因素和经济技术环境因素，共同组成一个平衡的新媒体产品创新体系。

本书是在笔者博士论文的基础上，经过近一年的修改、增订完成的，在修改过程中增加了新的案例和数据，自己也在重新整理写作的过程中获得了新的启发和见解。新媒体是一个变化很快、强调创新的行业，行业本身动态的变化给书稿的修改带来了不小的难度。本书的出版，首先受益于很多创新理论的前辈们的启发，其次要感谢上海交通大学媒体与传播学院，最后还要感谢上海交通大学出版社编辑黄强强先生的不断督促。

新媒体产品创新在飞速发展，对于新媒体产品的评估指标体系研究更是一个动态发展的研究课题，在具体的研究过程中难免存在一些不足，这在将来的后续研究中可以不断完善和发展。本研究主要着眼于中国新媒体产品创新的评估，关注的范围和视野比较局限，对国外新媒体产品创新，如美国、日韩等新媒体发达国家的研究没有涉及，缺少与国外的新媒体产品创新的评估指标体系的对比研究，有待在今后的研究中继续深入推进。笔者对新媒体产品创新的评估指标体系方面的研究，意在起到抛砖引玉的作用，以求教于各界专家。

# 目 录
Contents

# 第一章

# 绪　论

　　管理的本质内容是维持和创新，而创新是企业管理中的重要环节。企业通过生产和提供产品来获得社会承认，证明其存在的价值；通过销售产品来补充生产消耗、取得盈余，实现其社会存在。产品创新是企业技术创新的核心内容。研究新媒体产品的创新，本质上是对新媒体企业创新管理的研究。自互联网技术诞生以来，互联网技术在与传统媒体的融合中涌现出大量创新的新媒体产品。新媒体产品创新是一项复杂的系统工程，内外部各因素相互关联影响，共同促成了创新产品的诞生。结合中国实际，研究与新媒体产品创新相关因素之间的关系，从新媒体组织进行产品创新的实践中揭示出产品创新的规律，并建构一个完整的创新评估指标体系，以获得关于新媒体产品创新的全面认知，指导新媒体产品创新实践，对创新管理来说意义重大。

## 第一节　新媒体的蓬勃发展和产品创新

### 一、研究背景

　　1994 年 4 月 20 日，中国实现与国际互联网的全功能连接，从此开启互联网时代，随后互联网技术进入商业领域而得到普及，2011 年中国推进实施广播电视网、电信网和互联网三网融合，实现三网互联互通、资源共享。2013 年 12 月，工信部向中国移动、联通、电信三大电信运营商发放 4G 牌照，基于互联网技术的新媒体企业日益蓬勃发展。

新媒体的发展开端于互联网技术的应用和普及。计算机技术、信息通信技术的飞速发展，通过数量庞大、品类众多的新产品和新服务影响和介入社会生活，由此改变人类的思想和行为，并最终改变社会历史进程。基于互联网和数字技术的新媒体产品和服务已经渗透到社会各个领域，成为信息时代人类生存和社会发展的必需品。

在技术革新方面，新媒体的发展速度大大超越传统媒体。在回报方面，新媒体行业更容易获得较为可观的收益，而且未来在利益上的想象空间还在不断提升，吸引着风险投资不断进入。与此同时，资本的逐利本性促使各大新媒体企业竞相采用最新的技术。管理的本质是维持与创新，保证市场经济组织按预定的方向和规则运行的基础上，还必须不断调整组织活动的内容和目标，以适应动态变化的环境。经济全球化形势下市场环境复杂变幻，竞争激烈，新媒体企业生存和发展的唯一途径是创新，主要通过持续推出最新的新媒体产品和服务方式，以提升企业市场竞争优势，扩大自身经济影响力和社会影响力。

## 二、研究问题

中国新媒体在过去的二十多年里创造出了许多产品，其中很多产品经过不断改善，成为沿用至今的经典产品。然而成功的毕竟只是少数，在屈指可数的成功产品背后，有着无以数计的产品铩羽而归，或者昙花一现，中途夭折，或者盛极一时，最终衰落。快速发展的科学技术带动社会不断进步，新媒体企业必须创新才能敏捷应对复杂的市场竞争环境和更细分的消费者需求。新媒体产品的界定范围也在不断变化。然而，目前国内外关于新媒体产品的界定尚无定论，对新媒体产品创新的研究较少。

从管理学角度来说，创新不仅仅是一个技术概念，还是一个经济概念。创新是"把一个想法转化为收入和利润"，从而增强企业市场竞争力。企业层面的研发主要考虑研发产出，研发的任务是要开发新技术，更要开发新产品。① 产品创新是企业其他所有创新的出发点和归宿。

本书旨在研究新媒体产品创新的评估体系。通过研究分析新媒体产品创新的产品因素、组织因素、市场因素、技术环境因素四个模块之间的关系，建立一个新媒体产品创新的评估指标体系。

### 三、研究意义

依据约瑟夫·熊彼特（Joseph Schumpeter）的创新概念，创新是新产品或新工艺的商业化。主观层面的创新指企业的创新活动，主要探讨一般的创新投入和创新产出，包括小规模和渐进性的改变；客观层面的创新集中于具有重大意义的技术创新，重点是有根本性改变的新产品。② 两种创新层面结合起来涵盖了对创新本身多方面的研究：创新的多元主体、创新的创意来源、创新的产品表现形式、创新的资源投入策略等。

凡是与互联网和数字技术相关的产品，都是互联网产品，其中具有媒体属性的产品即是新媒体产品。互联网产品的概念从传统产品延伸而来，互联网产品的内涵是基于互联网技术和数字技术，满足互联网用户需求的一切产品和服务。外延包括办公软件、新闻网站、网络游戏、网络视频、电子商务网站、搜索引擎、即时通信工具、社交网站、电子邮箱等。新媒体产品则是具有媒介属性和功能的互联网产品。它与其他互联网产品的共同点是：基于数字信息技术，以互联网为主要传播渠道，不断地向移动化平台拓展。

企业通过产品和服务与社会和市场产生联系，产品是企业一切经济活动的中心，是企业实现发展目标的主要途径。为了敏捷应对复杂的环境和激烈的市场竞争，使新媒体企业获得强劲的发展动力，新媒体产品的创新必然是一个持续的过程。

成功的产品创新的利润非常可观。它不仅能激励销售、提高销量、扩大利润，还能提高资产利用率。其最大优点在于能重新定义企业当前的竞

---

① 成海清. 产品创新管理：方法与案例［M］. 北京：电子工业出版社，2011.
② 法格博格，莫利，纳尔逊. 牛津创新手册［M］. 柳卸林，郑刚，蔺雷，译. 北京：知识产权出版社，2009.

争基础，有助于重组市场。但创新往往高利润与高风险并存。尼尔森的研究显示，新产品的成功概率大约只有 1/3，也就是说，每推出 3 个新产品，其中有 2 个就注定会失败，在中国，创新成果中仅有 2%的产品能在市场上成功立足。[①]

新媒体行业和传统行业、传统媒体行业处于截然不同的生态环境，以往关于产品创新的理论和实践在新媒体产品创新领域的适用性正在消失。作为市场经济主体的新媒体组织，正确客观地评估自身进行产品创新的能力，准确评估产品创新的程度和价值，以及评估产品创新绩效，在新媒体企业的产品创新实践中，至关重要。因此，结合中国实际，从新媒体组织进行产品创新的实践中揭示出产品创新的规律，对指导新媒体产品创新实践意义重大。

## 第二节　新媒体产品创新的研究方法

本研究的调研问卷对上海和北京两地的新媒体企业进行了数据收集。为了能获取更科学充分的数据和理论，首先对调研对象的样本选取和样本的基本特征进行充分考量，对数据收集情况进行详细梳理，基于文献回顾和理论演绎，提出新媒体产品创新能力、创新价值、创新度的基本假设，并进行计量分析与验证。

### 一、问卷指标的确立

建立指标体系的依据是概念的可操作化，即将抽象的转化为具体的可测量的经验层次的研究指标和假设。评估指标体系需要系统全面反映概念的本质，只有这样，研究才具有科学性、完备性。在制定调研指标时，广泛参考了产品创新领域相关研究，同时收集新媒体企业研发人员及管理者的意见和建议，结合两方面知识，从而确立评估指标。

---

① 马祺. 以科技创新创造价值 [EB/OL]. 尼尔森官网，2014－9－9.

来自创新的经典之作——《牛津创新手册》的观点认为，服务具有典型的交互作用特性，这表现为服务供应商与顾客在设计、生产、传递、消费及其他服务过程中频繁的交互作用。服务产品经常是在"供应商—客户"交互作用过程中的某个特定时点和地点（"共同边界"）被生产和消费的。[①] 新媒体行业属于高新技术服务业，是服务产品的提供方，其产品创新是创新行为主体——企业组织和创新服务对象——新产品用户之间的"持续的友好拉锯"行为。大卫·瑞尼则认为"社会—科技—企业变化这些因素综合起来将会继续决定产品创新的未来"。[②] 林良华从投入和产出两方面将技术创新测度的指标分为 11 个，其中投入方面包括 7 个指标：技术创新人力、技术创新激励政策、技术创新机构、技术创新资金、现有技术和经验、普通技术操作人员、工人等其他辅助人员；产出方面包括 4 个指标：鉴定获奖成果、技术创新项目、发明专利和科技论文、新产品新工艺新方法。[③] 毕克新等通过研究，认为集成创新水平、团队研发能力、创新管理能力、营销运作能力、信息化管理水平、产出能力、制造能力和环境效益 8 个方面共同影响企业产品创新的运行规律，从而构建出一套产品创新指标体系。[④] 吕馨芳、杜跃平认为研发投入和非研发投入的测度，投入创新产出的测度以及产品创新过程的测度，这 3 个关注视角是我国目前研究企业产品创新的主要方向。全面研究产品创新评价要关注用户、产品创新力、"绿色"、集成和内外部等多个方面。在企业产品创新活动管理过程中，为了更好地有效提高企业产品创新能力，必须基于对企业竞争实力的充分了解。[⑤] 胡世良从创新业绩、客户导向、业务模式和内部运营 4 个方面设计了产品创新评估指标体系的 20 个评价指标，对产品创新效果进行评估。[⑥] 成海清从战略规划、市场研究、项目组合管理、流程规划、团队管

① 法格博格，莫利，纳尔逊. 牛津创新手册 [M]. 柳卸林，郑刚，蔺雷，译. 北京：知识产权出版社，2009.

② 瑞尼. 企业产品创新 [M]. 吴金希，等译. 北京：知识产权出版社，2009.

③ 林良华. 论技术创新测度指标设置 [J]. 浙江师大学报（社会科学版），2001（1）：76-80.

④ 毕克新，朱娟，冯英浚. 中小企业产品创新测度指标体系研究 [J]. 中国软科学，2002（9）：55-58.

⑤ 吕馨芳，杜跃平. 企业产品创新指标体系的构建与评价方法研究 [J]. 中国集体经济，2008（16）：71-72.

⑥ 胡世良. 赢在创新：产品创新新思路 [M]. 北京：人民邮电出版社，2009.

理、决策评审 6 个方面对产品创新管理水平进行评价。<sup>①</sup>

　　由于行业和地域等的不同，创新指标设置的区别很大，并且比较混乱，没有统一标准。一般来说，对创新管理的关注度较高，如创新流程、团队管理、创新激励等，但对产品本身和新产品的市场关注较少。而对新媒体行业的产品创新指标，目前尚没有针对性的具体研究。

　　中国新媒体产业蓬勃发展，人口基数庞大，产品创新处于快速迭代的大环境中，对优良的新媒体产品的需求处于快速上升期，整体市场供不应求，导致创新过程中出现一些急功近利的行为。因此在产品创新指标设置中不仅要考虑产品因素，还要考虑与产品创新密切相关的组织因素、市场因素和经济技术环境因素，将这些因素综合在一个系统整体里来考量。

　　同时，鉴于新媒体行业的产品创新方向、成功产品的评价标准和产品的未来趋势等，有着和传统行业产品截然不同的特点，如新媒体产品快速迭代优化、技术更新快、属于典型的扇贝型生命周期产品、有着轻量级的较低创新成本等，因此在指标设置时，加入了体现互联网技术的一些指标，如新媒体产品创新的方向中加入了指标"注重社交互动的人性简约的个性服务"、产品成功与否的衡量中加入了指标"用户流量和活跃度高"、产品创意来源中加入了指标"客户或粉丝用户反馈"。

　　综合以上研究，本研究构建的新媒体产品创新的评估体系由产品因素、组织因素、市场因素和经济技术环境因素 4 个一级指标，以及 17 个二级指标共同构成。构建评估指标体系的目标在于解决 4 个问题：① 产品是否具备创新性；② 企业组织是否具备产品创新可能；③ 新产品获得市场认可的可能；④ 社会政治经济环境和技术水平是否有利于新媒体产品创新。

## 二、问卷的基本内容

　　为了更好地展示在新媒体产品创新过程中各方行动者的作用及相互之间的关系，本书采用问卷分析和访谈的方式，以新媒体企业的研发人员及

---

① 成海清. 产品创新管理：方法与案例［M］. 北京：电子工业出版社，2011.

管理者为调研对象，以其他相关各方为具有不同利益取向和行为方式的行动者，探讨他们如何共同推动新媒体产品的持续创新。

本研究的问卷设计，主要是围绕新媒体产品创新的各部分影响因素而展开的，要求问卷能够为各部分研究内容提供所需的数据。问卷涵盖5个方面（问卷见附录一）：

（1）企业简况，包括企业性质、企业经营情况、企业员工及研发人员情况。

（2）产品创新的产品因素，包括对新媒体产品创新的认识，对新产品的定位、产品创新方向、产品创新评价、产品创新实现途径、产品创新周期。

（3）产品创新的组织因素，包括企业规划和战略对创新行为的促进、企业对员工的学习和培训制度、研发部门管理制度，创新来源和发生机制、创新资源获取能力、创新资源充足程度、创新项目的执行和创新团队管理。

（4）产品创新的市场因素，包括产品创新的市场表现、创新成功率、对新产品市场的认识、新产品受外部环境影响的情况。

（5）产品创新的经济技术环境因素，包括技术信息获取、技术发展潮流、社会整体经济形势、企业内外部的创新政策、法律法规和文化环境。

## 三、问卷设计的 3 个阶段

为了对产品创新进行更科学的测度，在问卷设计中采用了李克特量表的形式，将指标以数字量化，描述各指标的重要程度：分别以"5、4、3、2、1"描述"非常重要、比较重要、重要程度中等、不太重要、不重要"。问卷设计过程分成以下3个阶段。

### 1. 资料文献梳理阶段

确定选题后，广泛查阅中外关于产品创新、新媒体创新等方面的研究文献和书籍资料，初步形成对新媒体产品创新的总体认知，在此基础上对产品创新、组织创新、市场创新、经济技术环境等因素进行分门别类的归纳，并设计成具体的集中针对性的题项。

### 2. 二次修改阶段

为了更科学合理地设计问卷，在问卷设计中向新媒体行业和学界的专家学者请教了问卷题项设计的相关问题，同时与百度平台和创新中心经理及部门员工就本问卷的主要测量变量进行了沟通交流，他们对产品创新的组织因素和市场因素等方面提出了中肯的建议，根据调查收集的建议，对问卷进行了第二次修改，并最终确定调查问卷的最终版本。

### 3. 深度访谈阶段

通过问卷调查收集数据进行统计研究，为了验证问卷的问题，本研究开展了深度访谈和案例研究，选取了上海东道科技有限公司的研发部门负责人作为深度访谈对象。案例研究结果显示，调查问卷终稿的内容基本涵盖了影响产品创新的各方面因素，问卷的问题表述方式合理。

## 四、调研对象的选择

为了尽可能获取相对充足且真实有效的样本，本次调研选择京沪两地的互联网新媒体企业的企业管理人员、创新研发部门主管和员工进行调查。一方面因为中国新媒体企业、新媒体最新信息、新媒体人才等主要集中在京沪两地，这些地区有着数量可观的大批新媒体产业园区，以及和国际互联网新媒体同行顺畅接轨的政治经济文化基础；另一方面，企业管理人员，以及负责研发创新部门的主管及工作人员分别在产品创新的宏观和微观层面起着重要作用。

## 五、问卷的发放与回收

问卷调查的执行过程十分重要，关系到能否收集到真实有效的研究数据的第一步，在整个研究中起到举足轻重的作用。本研究采用以下方式收集数据。

### 1. 利用互联网广泛收集

问卷设计确认后，进入问卷发放阶段。为了降低成本，提高效率，让问卷发放和回收过程的效率更高，本研究采用了在问卷星网站（http：//www. sojump. com/jq/4379791. aspx）上进行网络调研。此次调研有85%以上的问卷采用了 E-mail 和即时通信工具传送的形式。

### 2. 企业采访现场收集

为了更精准地获取数据，本研究将问卷带到企业，与企业管理人员和研发部门人员直接采访对接，现场发放问卷并及时回收。这种方式因为都是事先约定前往，一般都能保证问卷的回收率达到100%。

### 3. 社交网络和互联网结合的方式

当今社会的社交网络十分发达，在研究过程中，我们使用的社交媒体主要有 QQ、微信、微博等，将问卷链接发给在新媒体行业工作的朋友和熟人，并请他们在同事 QQ 群和微信群再次转发给同行进行填写。这是一种社交网络和互联网相结合的方式。

# 第二章
# 新媒体产品定义及研究现状

　　从产品生产角度研究创新，是将新产品和新服务引入市场或改善现有产品的复杂过程。任何产品创新过程都不是孤立单一的，而是多个因素在内外部环境和条件下的共同作用。产品创新需要一个科学的评估体系进行合理规范，产品创新的目标和产品创新目标的实现过程是产品创新的两个重要组成部分，完善的创新机制与严密的评价体系是产品从构思产生到实现商业化的整个过程中必不可少的机制。国内外的相关研究重点集中在以下几个方面。

## 第一节　新产品的定义

　　关于新产品的研究，主要分析产品创新的表现及特征。产品创新研究最初起源于工业经济发达的西方。为了研究新产品管理的特征和规律，1976 年产品开发管理协会在美国成立，1984 年产品创新的专业杂志《产品创新管理》面世，专门研究各行业产品创新及相关领域的问题，此后产品创新管理才开始有了日益系统化和多样化的研究。[①] 20 世纪 60 年代中期，凯尔文·兰卡斯特提出了特征理论，他认为人们的"商品需

---

　　① 吕馨芳，杜跃平. 企业产品创新指标体系的构建与评价方法研究 [J]. 中国集体经济，2008 (16)：71-72.

求"不是因为商品对他们有用，而是因为它们拥有一定的特征。特征是身份的象征、文化的认同和风格的体现，使用具有新特征的新产品的行为，是个性的彰显。① 新媒体产品作为一种在技术上并没有严格壁垒，可替代性和可复制性很强的产品类型，只在上市之初就让使用该新产品迅速成为一种代表未来的社会风尚，趁着先发优势全面占领市场，才不会被后来者所超越。美国联邦贸易委员会认为新产品是在功能方面有重大或实质性变化的全新产品，按照产品生命周期分析，一个产品被称为新产品的最长时间为 6 个月。从市场和用户体验的角度出发，创造出在功能、交互、视觉等方面更成功的产品，是大部分新产品定义的核心。

我国国家统计局对新产品的定义为：新产品是指使用新技术原理、新技术构思而研制生产的全新产品，通过明显改善原有产品的结构、材质、工艺等，从而显著提高产品的功能，或者扩大使用功能，提升用户体验的产品。王恕立认为产品是企业所有创新活动的中心，企业创新就是以企业研发活动为基础而开展的一系列产品创新活动和工艺创新活动，通过企业创新管理保障企业的产业化和市场成功运作。② 产品创新在整个创新过程中占据着主导地位，产品是企业直接和市场对接的桥梁和关键，用户主要通过产品和产品的使用体验来评价企业，产品创新的终极目的也就是要满足消费者日益增长且不断变化的需求和体验。衡量某项创新成果的成功与否，应以满足消费者的主客观感受为准，而不应唯技术指标或专家鉴定为马首是瞻。

基于产品创新表现及特征研究新产品，是产品创新的基础性研究，这方面研究在国内外普遍较多，然而大多数的关注点主要在工业产品领域，对服务类产品创新的研究少之又少，因为衡量标准不好把握，产品消费者由于个体差异和环境影响，对产品的体验和反馈很难保持高度一致，因此目前对产品的创新度的评判还是一个涉猎较少的领域。

---

① 张进铭. 凯尔文·兰开斯特福利经济思想评介：潜在诺贝尔经济学奖得主学术贡献评介系列 [J]. 经济学动态，2000（9）：68-73.

② 王恕立. 浅议以市场为导向的产品研发路径选择 [J]. 经济师，2015（4）：280.

## 第二节　创新能力评价研究

大多数关于创新能力的研究都认为人才和资源是创新能力的关键，创新能力通常被解释为"成功创新的能力"。创新能力也被描述为价值重建过程中产生和创造新知识的能力。[①] 索尼拉不仅从创新的表现和创新的结果两个方面建立创新能力的评价框架，还从财务、客户、流程、人力资源和创新成果方面创建创新能力评价框架，认为创新潜能的各因素对创新起着推进或阻碍作用。[②] 托姆克和希佩尔认为，能否充分了解和回应用户的需求，将用户并不能清晰表达出来的潜在需求转化成产品创新中的有用信息，是评价产品创新能力非常重要的指标之一。[③] 卡兰通认为学习型组织创新能力较强，一般从学习的承诺、共同的愿景、开放的思想和组织内知识共享这 4 个方面来衡量企业的创新能力。[④] 劳森认为创新管理可以看作一种企业组织能力，并提出了创新能力七要素：创造力和创意管理、愿景和战略、组织结构和制度、竞争力、组织的人力资源、技术管理以及文化和环境。[⑤] 克里斯坦森[⑥]在描述创新能力维度上认为资源包括人员、设备、技术、产品设计、品牌、信息、资金，以及与外部合作伙伴的关系。

我国对创新能力的研究沿用西方观点，综合考虑经费投入、创新产出、人员配置、市场营销、创新管理能力、创新环境等多方面，建立了多个创新能力评估体系。

国内外学者对创新能力评价的研究为全面了解和评价创新能力提供了

---

① Borjesson S, Elmquist M, Hooge S. The challenges of innovation capability building: learning from longitudinal studies of innovation efforts at Renault and Volvo Cars [J]. Journal of Engineering and Technology Management, 2014 (13): 120-140.

② Saunila M. Understanding innovation performance measurement in SEMs [J]. Measure Business Excellence, 2017, 21 (1): 1-16.

③ Thomke S, von Hippel E. Customers as innovators: a new way to create value [J]. Harvard Business Review, 2002 (4): 74-81.

④ Calantone R J. Learning orientation, firm innovation capability, and firm performance [J]. Industrial Marketing Management, 2002 (31): 515-524.

⑤ Lwason B, Samson D. Developing innovation capability in organizations: a dynamic capabilities approach [J]. International Journal of Innovation Management, 2001 (3): 377-400.

⑥ Christensen C. The innovator's delimma [M]. Boston, MA: Harvard Business School Press, 1997.

理论框架，但由于对创新能力系统构成要素及其成长过程的认识分歧较大；对影响企业创新能力的作用因素，以及各因素与外部环境变化之间关系的研究不多；尚未将影响创新能力的时间和竞争环境等重要的外在因素纳入评价指标体系，因此对创新能力的研究仍不够深入。信息社会各种新技术和新工艺不断出现，企业的经营管理方式也在不断变化，导致对创新能力评价的研究尚不能很好地反映企业产品创新的现状。

## 第三节　创新风险评估研究

对创新风险的研究成果主要集中在两个方面：创新风险的防范控制方法和创新风险评价指标体系的构建。创新具有高不确定性和高回报，复杂动态的市场和技术环境下，不确定性的存在给研发带来高风险，导致很多研发失败。产品创新的风险评估，是产品创新管理的一个重要部分。哈尔曼提出一种诊断产品创新项目风险的方法，即通过研究分析潜在问题、故障模式及影响，改善现有的用于产品创新项目风险的方法。[①] 万俄提出了一种新的风险管理框架，将项目风险管理与企业战略和绩效测量作为一个整体系统进行考量，以提高研发项目的成功率，实现企业的战略目标。[②]

陈阳[③]是国内较早集中研究产品创新风险的学者，他综合了风险的规划、评估、应对和监控 4 个部分，从产品创新项目进展的不同阶段对产品创新项目进行综合风险评价，在其研究基础上构建出一套产品创新风险识别、风险估计和风险评价的理论和方法。邱晓军[④]认为对技术创新进行风险管理可大大降低技术创新中的风险，减少经济损失，管理方法主要有分散风险策略、合作研究策略和技术再创新策略。谢科范[⑤]梳理了企业技术

---

①　Halman J，Keizer J A. Diagnosing risks in product-innovation projects [J]. International Journal of Project Management，1994（12）：75 - 80.

②　Wang J，Lin W，Huang Y H. A performance-oriented risk management framework for innovative R&D projects [J]. Technovation，2010（30）：601 - 611.

③　陈阳. 产品创新项目风险评估体系 [J]. 湖南大学学报（社会科学版），2011，25（4）：39 - 43.

④　邱晓军. 技术创新风险管理的方法与策略 [J]. 科学学与科学技术管理，2000（5）：8.

⑤　谢科范. 企业技术创新风险管理 [M]. 石家庄：河北科学技术出版社，1999.

创新中应重点防范的风险因素，主要包括企业科技人员实力、企业管理能力、技术成熟度、项目运作的复杂性、消费者需求变动、竞争对手实力等。毛荐其[①]将技术创新风险中的主要风险因素分为 24 个指标，用未确知侧度评判模型进行综合评价。朱松岭[②]针对当前风险量化方法的不足，提出一种结合三角模糊数和层次分析法对风险进行量化的方法。柴丽俊[③]认为企业可以比较不同强度技术创新的预期收益和相对应的风险值，综合衡量之后制定合理的技术创新战略。

基于对创新风险评估的研究，分析了创新风险的主要影响因素，构建风险评判模型，并提出防范和控制风险的管理方法和策略。然而，目前的研究还基本处于理论探讨和定性研究的阶段，即通过经验分析直接罗列出企业产品创新的风险因素，缺乏从定量分析的角度进行企业创新风险评价研究；目前的研究往往把创业风险作为一个静态系统进行研究，而忽略了创新风险之间的相互作用，缺乏对风险因素的传导机理的分析和全面思考；对创新风险评估模型的实用性和可行性的验证应用也比较少见。

## 第四节　产品创新的流程研究

产品创新的流程研究主要关注产品创新的具体过程设计和管理。雷尼将产品创新流程分为 6 个阶段：① 确定新产品的机会：创意的产生；② 概念的发展和选择；③ 新产品开发程序定义；④ 设计和开发；⑤ 验证阶段；⑥ 预商业化和展开。[④] 雷尼在《企业产品创新》中研究了新产品开发的集成产品开发（IPD，Integrated Product Development）模式。IPD 指在深度识别顾客需求和市场趋势的基础上，所有和新产品开发相关的职能部

---

① 毛荐其. 技术创新风险与评估 [J]. 数量经济技术经济研究，2002 (2)：28 - 31.

② 朱松岭等. 基于模糊层次分析法的风险量化研究 [J]. 计算机集成制造系统，2004 (8)：980 - 984.

③ 柴丽俊，柴丽英. 企业技术创新风险的测度及战略博弈分析 [J]. 青岛科技大学学报（社会科学版），2007 (4)：62 - 64+69.

④ Rainey D L. Product innovation leading change through integrated product development [M]. Cambridge：Cambridge University Press，2008.

门通过不断的协调和沟通，以并行工程的方式，对新产品开发项目进行持续的评估，共享信息与资源，从而提高新产品开发绩效，实现新产品开发流程的自我完善与优化。切萨建立了创新过程模型，该模型描述了创新的管理流程和组织机制，其基本概念是成功的创新与相关管理流程中良好的惯性行为相关。该模型确定了 4 个核心流程：概念生成、产品开发、工艺创新、技术采集。支持这些核心流程的是 3 个可行方法：人力和财务资源配置、系统和工具的有效使用，以及高级管理层的领导和方向。这些核心流程和可行方法的结果以创新和市场竞争的形式体现出来。[①] 希佩尔认为将创新项目划分为数个"小任务"，各个小任务之间建立以解决问题为目标的相互依赖的关系。这种方式能改变创新流程，有利于及时调整任务计划，同时能减少任务边界的壁垒。[②] 莫汉·达蒂孔达通过对 120 个新产品开发项目进行层级回归分析后发现，项目执行方法和项目成功实施密切相关，创新流程并不是固有的，而是根据不同产品或新的工艺技术而发生变化，达到一种平衡性和灵活性。[③]

　　基于产品创新流程的研究大多数都是按照时间顺序，主要集中在产品创意阶段到成品生产阶段。越来越多关于产品创新流程的研究，延长了时间跨度，从创意生成机制，到产品市场表现的检验，甚至对市场反馈矫正，一直在循环往复。产品流程无论如何划分，都涵盖了从创意构思到产品市场化的新产品开发过程，产品创新流程研究本质上是一种管理研究。

## 第五节　产品创新管理研究

　　创新管理能保持创新的可持续性和可重复性，通过研究产品创新管

---

　　① Chiesa V. R&D strategy and organisation: managing technical change in dynamic contexts [M]. Singapore: World Scientific Publishing Co. Pte. Ltd, 2001.

　　② von Hippel E. Task partitioning: an innovation process variable [J]. Research Policy, 1990, 19 (5): 407-418.

　　③ Mohan V T, Stephen R R. Successful execution of product development projects: balancing firmness and flexibility in the innovation process [J]. Journal of Operations Management, 2000, 18 (4): 401-425.

理，激发员工的创新热情，保持企业持续发展动力。国外相关研究很多，其中最著名的是经济学家熊彼特，从经济管理角度首先提出了"创新理论"，他将创新定义为"建立一种新的生产函数"，由企业家对生产要素进行新的组合，创新活动是破坏均衡和恢复均衡持续往复的经济活动。当创新停留在技术发明阶段时，并不能影响经济活动，科学技术发明与市场行为紧密联系、相互渗透，只有把技术发明转化为新的生产能力，才是真正意义上的创新。库兹马斯基在《创新管理》一书中的观点认为，建立行之有效的完善的产品创新管理体系，能激发和保持企业创新机制和创新团队的活力，及时预见产品创新的未来趋势。① 绝大多数学者认为，随着时间、社会审美、客户喜好和技术的改变，即使最具创新性的企业都难以保持在时代最前沿，因此必须建立完善的创新管理体系，保证持续创新的动力。但也有学者持不同观点，如克里斯坦森认为即使管理非常好的企业也会面临创新的失败，颇具讽刺意味的是，那些导致失败的决定通常来自被企业公认为在专业领域最优秀的人。他在著作《创新者的窘境》中提出，一个企业的优势反而成了革新的阻碍和潜在衰落的信号，主要原因是这样的企业高度致力于服务目前的客户，不能或不愿意因为先进但不熟悉且未经证明的新技术和服务而割离正处于成功的事业。② 理查德和格申③认为，创新管理能保持创新的可持续性和可重复性，产品创新、流程创新和商业模式创新是创新转化成商业的 3 个战略步骤。

国内产品创新管理研究系统理论以宏观研究和微观研究相结合为基础。梁嘉骅④从两个层次解读企业创新：一是宏观层面的企业发展战略创新，是企业创新的灵魂，是具体创新行为的前提和基础；二是微观层面的生产与产品创新，直接促进企业的发展。

郭东海⑤结合企业创新管理的实际，提出了科技企业创新管理能力的概念，构建了一套企业创新管理能力的评价指标体系，并由此建立网络层

① 胡树华，李必强，海丰. 面向产品创新的管理集成 [J]. 中国软科学，2000（4）：88 - 90.

② Christensen C. The innovator's dilemma [M]. Boston，MA：Harvard Business School Press，1997.

③ 来源于维基百科.

④ 梁嘉骅，葛振忠，范建平. 企业创新与创新评估系统 [J]. 科技进步与对策，2000（9）：51 - 53.

⑤ 郭东海. 我国科技企业创新管理能力评价研究 [J]. 科学管理研究，2012（6）：65 - 68.

次结构模型，确定了各级指标的权重。杨百寅、高昂[①]研究发现领导者创新意识确立、创新文化建设、创新制度完善、研发机构设立、研发经费投入及产学研项目合作是企业推进创新管理工作的主要方式。黄恒学[②]认为，时序性与区域性是企业创新管理必须要考虑的两个关键因素，要根据市场现状和企业发展阶段，进行符合实际情况和条件的适度创新，充分利用现有资源和优势，降低风险，最大化创新效益。

基于产品创新的管理研究，普遍的观点是，创新是一个系统管理工程，需要一套完善的管理运行体系。创新要素包括创新资源的分配、创新人员的配置，创新过程的设计、创新环境和创新能力构成、创新风险和创新效益的评价、创新结果的评价等。

## 第六节 产品创新绩效研究

产品创新绩效研究主要探讨创新行为与创新效益之间的关系。哈格多姆和克洛特对创新绩效的理解分广义和狭义[③]：广义的创新绩效指从新产品概念出发，一直到将成型的新产品引入市场，实现技术和产品价值的过程；狭义的创新绩效特指企业将发明创造引入市场获得的经济收益。中国学者现阶段对新产品开发绩效的影响因素研究较多，但由于各自研究范围的局限性，而使研究结论的普适性不强。研究范围主要集中在工业产品和传统服务产品领域，对新媒体行业的产品创新绩效研究较少。韩新严[④]认为目前国内外主要的绩效评估指标为创新产出指标和创新投入指标，新形势下企业创新绩效评估指标应定位为用净现值法计算的净现值能代表创新的全部收益：产品创新囊括了所有创新的收益，不计算无形收益和成本，

① 杨百寅，高昂. 企业创新管理方式选择与创新绩效研究 [J]. 科研管理，2013 (3)：41-49.
② 黄恒学. 市场创新模式 [J]. 市场观察，1996 (6)：6-8.
③ Hagedoom J, Cloodt M. Measuring innovative performance: is there an advantage in using multiple indicators? [J]. Research Policy, 2003, 32 (8): 1365-1379.
④ 韩新严，吴添祖. 技术创新绩效评估指标 [J]. 技术经济，2003 (5)：28-30.

可操作性强，符合指标计算简便的要求。褚东宁①从经济效益、市场能力、制造能力、研发能力和社会效益 5 个方面评价创新绩效。陈钰芬②认为创新绩效分为两种类型：创新产出绩效和创新过程绩效。王晓鹤③将经济效益、社会效益、科技贡献、技术实用性和使用范围作为创新成果评价因素。何郁冰、陈劲④从技术创新、制度创新、市场创新、管理创新、战略创新、文化创新这 6 个维度构建创新绩效分析框架。何悦、朱桂龙、戴勇⑤构建了一套系统动力学模型来分析和识别企业创新绩效影响因素。蔡宁、闫春⑥提出了创新绩效的概念及其维度构成，认为创新绩效的测度可以包括财务绩效和战略绩效两个维度，它们都代表了企业从创新中获得的收益。

基于创新绩效评价的研究，为我们探讨创新的市场商业绩效提供了充分的认知，但不足之处是，创新绩效是一个多维的结构，现有研究对创新绩效的测度过多关注财务视角的评价，未能全面衡量企业从创新中得到的综合收益；体现创新长期收益维度的战略绩效对营造创新文化氛围和衡量竞争地位指标的重要意义未得到充分重视。研究创新绩效的最终目的是探讨创新活动和创新绩效两者各自的内部要素之间的互动关系，而关于创新与这些要素之间关系的研究，还有待深入。

目前学界一般认为产品创新包括：① 现有产品的改良；② 模仿已有产品并改进；③ 创造一个前所未有的全新产品；④ 已有功能的重新组合。产品创新分为颠覆式创新和渐进式创新，颠覆式创新是指创造前所未有的全新产品，渐进式创新是对现有产品进行改良和迭代，颠覆式创新是质变，质变来源于量变的积累，来源于对用户体验的一点点突破。

本研究的新媒体产品创新主要指能够给用户带来全新体验和前所未有

① 褚东宁. 工艺创新绩效评价问题探讨 [J]. 科技创业月刊，2005 (5)：88-89.
② 陈钰芬，陈劲. 开放式创新促进创新绩效的机理研究 [J]. 科研管理，2009 (4)：1-9+28.
③ 王晓鹤. 科技成果评价理论及模型研究 [D]. 长春：吉林大学，2007.
④ 何郁冰，陈劲. 开放式全面创新：理论框架与案例分析 [J]. 西安电子科技大学学报（社会科学版），2009 (3)：59-64.
⑤ 何悦，朱桂龙，戴勇. 企业创新绩效影响因素的系统动力学研究 [J]. 软科学，2010 (7)：19-23.
⑥ 蔡宁，闫春. 开放式创新绩效的测度：理论模型与实证检验 [J]. 科学学研究，2013 (3)：469-480.

的质的飞跃的产品创新。在新产品进入市场之后对产品进行持续的改良，是对该产品的调整，是微量的新体验的增加，对用户来说并没有质的提升，不能称之为产品创新。只有当产品的功能因为不断地改进而发生根本性的改变后，才能称之为产品创新。

# 第三章

# 中国新媒体产品
# 创新的特征与过程

面对复杂的市场变幻，企业创新主要体现在持续推出最新的产品和服务方式，以敏捷应对瞬息万变的市场。20世纪90年代后期，互联网技术进入商业领域而得到普及，互联网企业蓬勃兴起。在技术革新方面，新媒体的发展速度大大超越传统媒体，在回报方面，新媒体行业更容易获得较为可观的收益，而且未来在利益上的想象空间还在不断膨胀，吸引风险投资不断进入新媒体行业。资本的逐利本性促使各大新媒体企业竞相采用最新的技术。

以互联网为标志的新媒体在过去二十年左右的时间里，创造出的许多新产品改变了人类的思维观点和社会生活方式。在产品周期更替中，有些产品盛极一时，它们从繁盛到衰落，走完生命周期后自然退出，更多产品则经过不断的改善，成为沿用至今的经典产品，如门户网站、社交网站等。通过中国新媒体产品的特点进行梳理和分析，希望能从中获取一些有益的经验以供参考借鉴。

## 第一节　新媒体产品分类

产品是指在市场上流通的，能够满足用户需要和欲望的有形产品和无形产品。新媒体提供的服务产品，包括线上无形的新媒体产品，通过与线下有形的实物产品相结合，影响着人类生活和社会发展及形态。

2011 年中国三网融合方案实施，2013 年底 4G 牌照正式发放，2019 年 5G 网络正式上线，新媒体在技术和业务上如虎添翼，迅速成长，正朝着网络多元化、宽带化、综合化、智能化的方向发展。新媒体产品基于互联网技术、信息通信技术和广播电视技术而产生，其中互联网技术是核心。新媒体产品属于互联网产品，但并不等于互联网产品。互联网产品是一个更为宽泛的概念，是指所有应用互联网技术的数字信息产品，而新媒体产品的本质是媒体产品，具有媒体功能和属性。按照拉斯韦尔和赖特的媒体功能说，大众传播是：① 通过社会内外部收集和传达信息以履行环境监测功能；② 通过传达信息来告知、解释、提示、规定人类行为反应，以实现社会协调功能；③ 通过知识、价值及行为规范的传递加速现代人的社会化过程，以履行社会化功能；④ 通过提供满足心理需求和精神生活的信息，如文学艺术、游戏消遣等内容，以履行提供娱乐的功能。

按照媒体四功能划分，新媒体产品主要分为以下四大类。

（1）内容信息产品：各种新闻客户端和内容渠道端，如澎湃新闻社、TED、FT 中文网、鲜果网等，电子杂志。

（2）社交服务产品：即时通信、微博、微信、知乎、豆瓣等基于 UGC（User Generated Content，用户产生内容）的信息和互动。

（3）休闲娱乐产品：游戏、音乐、视频、小说网站等，供新媒体用户闲暇时娱乐消遣。

（4）电子商务产品：大众点评、汽车之家、滴滴打车、途牛旅游网、饿了么、云家政、阿里巴巴网、淘宝网等电子商务服务平台，提供与人们生活相关的信息和服务。

互联网产品、媒体产品和新媒体产品之间的关系如图 3-1 所示。

四大类新媒体产品之间并无绝对的界限区分，而是互相渗透的服务要素的整合，每一种新媒体产品都有各自独特的核心服务内容和方式，以及为了让核心服务具有更好的体验而添加的辅助服务。比如内容信息服务产品除了有主打的新闻资讯和评论外，还会提供社交服务的要素，让用户在获取内容信息的同时参与评论反馈，也可以点击链接进入新闻相关人物的

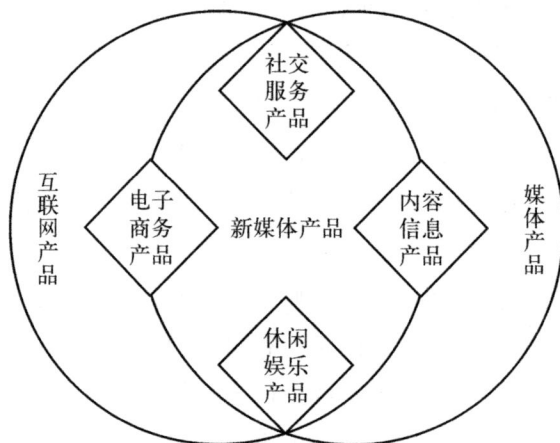

**图 3-1　互联网产品、媒体产品和新媒体产品关系示意图**

社交媒体进行互动，或者进入电子商务网站购买相关商品。

　　总而言之，新媒体产品是指基于以互联网技术为核心的新媒体技术，满足用户对信息传播和社交娱乐等需求的市场产品和服务。

## 第二节　新媒体产品创新历程

　　无论何时，当我们听到"创新"这个词汇时，出现在脑海中的总是最让人惊叹的一种形式——颠覆性创新。然而，只有最聪慧的发明家、最富有想象力的艺术家以及最激进的企业家才能成功进行让人振奋的颠覆性创新。创新是新产品或新工艺的商业化，产品创新有很强的不确定性，如技术的更新换代、对市场需求的预测和把握、变化不定的信息对决策的影响等因素决定了产品创新的挑战和风险性。

　　在传统的观念里，创新是与技术、科研、发明、产学研结合等相关的概念。在新媒体产业，产品创新要遵循以用户利益和用户体验为上的价值观，只有用户得到满足，产品人气和影响力上升，商业利益才有实现的可能。新媒体产品创新不完全是由创造性思维决定的，大多数新媒体产品创新属于非研发性的创新，不一定要依赖于科学研究，而是一个基于经验、不断获取知识和资源的过程，是实现对生产要素资源的合理配置和充分利用的过程。新媒体时代，知识和信息资源成为比传统行业的资本、土地和劳动力更重要的要素资源。

用户对产品的需求不断变化，新媒体技术不断更新，新媒体产品应用也在不断地创新。新媒体有先进的技术、百变的表现形式和互动植入的营销手段等，这些都是传统媒体无法做到的。新技术的进步，带来了多样化的新媒体终端，巨大的市场潜力使层出不穷的应用不断涌现，日益丰富的新媒体形态推陈出新。和传统行业的产品创新相比，新媒体产品的创新周期大大缩短，快速迭代。随着新媒体技术的发展，中国新媒体产品创新发展经历了 4 个阶段。

### 一、门户综合网站时期

20 世纪 90 年代中后期，基于 Web1.0 技术的中国互联网处于发展初期阶段，新浪、搜狐、网易三大门户网站初具雏形，主要以信息传递为主，因为没有原创内容，大多是对传统媒体内容的照搬照抄，传播形式和载体没有实质性的改变，由此引起传统媒体不满，时常被诉侵犯版权。在 20 世纪末的全球互联网经济泡沫下，互联网新媒体行业很快陷入发展困境和僵局，短信、彩信、彩铃等业务，一度让没有盈利模式的门户网站看到了曙光。随后多次国内外重大事件发生时，互联网将事件的报道消息迅速快捷地发布传播，而报刊电视囿于生产周期和版面容量的限制，对重大事件的及时全面报道往往单薄、迟滞甚至缺席，导致传统媒体信息发布平台对用户的吸引力日渐减退，而互联网媒体在社会舆论监督方面所起的作用不容小觑。

这一时期互联网行业处于发展初期，大批风险投资涌进，现在国内排名前几位的大型互联网企业，如腾讯、百度、新浪、阿里、网易、搜狐等都建立于这一时期。但此阶段以互联网企业为代表的新媒体商业模式并不清晰，市场处于酝酿培育阶段，用户人数有限。互联网媒体虽然不是权威消息发布平台，但互动和反馈的基因与生俱来，在信息的无限链接和信息发布时效性上优势渐显。

## 二、用户原创内容阶段

自从 Web2.0 技术给互联网带来互动性和参与性，以及 Blog（博客）等新产品的涌现，互联网内容生成逐步开放。许多内容以用户生成为主，用户可以通过在网站上建立的个人主页来分享信息，如论坛、博客等各类内容分享网站。2002 年以后，Friendster、MySpace、Bebo 作为备受关注的社交网络服务类网站，掀起了全球社交网络的热潮。我国自 2005 年相继出现许多互联网社交服务产品，如网站以豆瓣、POCO、博客中国等为代表，著名的论坛有天涯社区、西祠胡同、网易社区等，通过原创内容聚集了一大批忠诚的用户，"内容带来用户，用户贡献内容"，成为这一阶段最瞩目的形式，"内容为王"是各新媒体企业运营的核心宗旨。这一阶段出现了许多有代表性的新媒体内容产品。2005 年新浪博客成功运用"明星政策"带动博客热潮，国内各门户网站如搜狐、网易等纷纷加入博客阵营。同年上线的土豆网提出"土豆2.0战略"，高举"每个人都是生活的导演"的价值观旗帜。与此同时，电子杂志、视频网站、图片网站、新闻网站、新媒体音视频、手机报、电子书等蓬勃发展，互联网上涌现出很多提供支持用户互动的服务，社交形态已初具雏形。

## 三、社交基因初露锋芒时期

Web3.0 不仅仅是Web1.0的简单内容获取与查询，也不单纯是 Web2.0的大众参与和内容制造，更是互联网与人们日常生活的大融合。基于位置的信息共享和由此带来的附加价值愈加重要，人们的日常生活和互联网的结合成为明显的特征。多种新技术融合和发展，如大数据、云计算、高速高可靠移动网络、物联网、智能硬件等新的技术和概念无一不和 Web3.0密切相关。

Web3.0 时代社交媒体产品的技术应用升级。在国外社交网站Facebook、Twitter 火热之时，国内的新浪微博、饭否、知乎等社交应用类产品相继涌现，2009 年新浪成为国内门户网站中第一家提供微博服务的网站，在用户原创内容的基础上，引入了社交网站的概念。有分析认为微博这一类社交媒体通过降低表达成本，吸引用户在社交网络平台积极表达，广泛释放大量与社会和现实世界相关的信息。[①] 微博引爆了社交媒体在国内的热潮，正式进入国内主流网络用户群体的视野。它具有极强的对碎片化即时信息的整合力，以信息定制满足用户的个性化需求，改变了信息沟通方式，便于用户在开放互动的空间进行沟通交流，为个体提供信息生产、积累、共享和传播渠道。微博、人人网、大众点评等，带领社会整体迈入社交媒体模式。

智能移动终端已经逐渐改变了大众的行为方式。在公交车上，在地铁站里，拿着手机刷微博、发微信是再普通不过的一件事了。更重要的，人们已经渐渐习惯了出门用地图软件导航，用团购软件团购晚餐，打开支付宝钱包付款，用滴滴打车，而在其背后，是网络服务提供者为用户的各种社会生活量身定制的特色服务。Web3.0 时代是互联网和大众社会活动的大融合，提倡用户"走出去"参与社会活动，并随时随地使用服务、发表见闻。

这一时期，虽然商业模式不清晰，互联网广告是主要盈利方式，和传统媒体的广告平台相比，互联网广告的权威性和影响力优势微弱，中央电视台的广告标王还是企业关注的热点，但传统媒体广告的高昂费用和广告效果让越来越多中小企业转向互联网媒体。

## 四、社交基因全面渗透时期

3G、4G 技术的普及和应用，提升了互联网带宽，为数据高速传输的蜂窝移动通信技术提供了支持，使移动应用开始崭露头角。与此同时，广播电视网、电信网与互联网三网融合，以互联网为核心，通过技术改造，内容的表现形式和呈现方式越来越丰富多样化。新技术的进步，带来了多样化的新媒体终端，巨大的市场潜力使层出不穷的应用不断涌现，新媒体形态推陈出新。如知乎"与世界分享你的知识、经验和见解"，建立起社

---

① 成远. Facebook＋twitter？[J]. 北京：IT 经理世界，2009（3）：28 - 29.

会网络，以关系社区形式来帮助用户找到更好的问题和答案；本地生活移动应用产品大众点评网，提供商户基本信息、消费优惠活动信息等，结合用户 UGC 和参与互动的消费评价，引入预订餐位、团购、外卖，以及会员卡等 O2O（Online To Offline）交易服务，提高商户的交易量，创造平台价值和用户价值，达到多方共赢；"联结你我，旅游从此精彩"的 P2P 个性化导游服务交易平台 Taglong 为游客提供了依托网络社交的定制化旅游体验服务。2007 年 iPhone 手机的面世，给移动客户端的新媒体产品带来爆发式增长的契机。新的移动客户端应用（APP）频频推出，如微博、微信、美图秀秀、滴滴打车、支付宝钱包等，全方位占领了用户的闲暇时间。

这一时期，平台建设、内容生产和社会化基因进行了重组，显著的一点是，社会化基因渗透到社会生活的方方面面，完美阐释了新媒体强大的消解力量，传统媒体之间、地域之间、产业之间的边界日益模糊。这种消解的力量"带来融合及交互，形成你中有我、我中有你的交融和渗透。内容的关联逻辑将扩展到信息之间、信息与人之间的智能关联，使一切物体都有可能成为终端。"[①] 本阶段新媒体产品的特征可归纳为 3 个点：个性化（personal）、社交化（social）和移动化（movable）。

## 第三节　新媒体产品特征

新媒体产品创新是一个系统工程，涉及管理、技术、资源、市场等多个方面。创新绝不是天才的灵光一闪，往往"牵一发而动全身"，必须要经过周密的设计和考量，从创新的设想阶段开始，就要考虑和企业内外部其他因素的关系以及可能引发的各种效应，从社会、行业和企业的整体效益和发展大局出发，协调和梳理多个因素之间的关系，形成良性创新机制，降低创新风险，提高创新成功率。

新媒体行业作为目前全球备受关注的高收益行业，在利益上的想象空

---

① 贾文凤. 新媒体的发展及其社会影响 [D]. 成都：四川省社会科学院，2007.

间在持续膨胀，各类投资不断进入新媒体行业，专业人才快速成长，与此同时，资本的逐利本性促使新媒体竞相采用最新的技术，以最快的速度积极响应市场需求，挖掘潜在市场空间。

在新媒体时代，一个产品的诞生，不仅仅是技术活，从构思开始就一定要融合技术、用户和商业模式三方面。和传统产品不一样，新媒体产品的创新具有鲜明的时代文化特质，主要体现在如下几个方面。

## 一、新媒体产品具有连带外部正效应

新媒体产品拥有各种各样的功能，比如社交、电子商务、信息资讯、生活服务等，不同产品拥有功能的比例不同，产品的核心功能、市场定位、个性化特征决定用户的选择。经济学里有一种连带外部效应，指某人对某种产品的需求而影响其他消费者对这种产品的需求，也即一个消费者对某种产品的需求可以刺激或抑制他人对这类产品的需求。新媒体产品的连带外部正效应表现在越来越多人使用某产品而连接成的网络辐射效应会影响其他人倾向于选择该产品，许多APP的普及应用之所以迅速兴起，原因也在此。再比如，对社交媒体QQ、微博、微信等的使用，在周围越来越多人已经使用的情况下，出于更好地融入社会群体或为体现自身处于社会时尚前沿的目的，也会有更多人加入用户群体中。当使用的人越多，用户在上面花费的时间也越来越多，呈连带外部正效应。连带外部正效应的表现形态是一种追风赶浪的趋势。新媒体产品体现出极强的个性化特征正是为了制造这一效应，以有助于提高产品的用户流量、用户活跃度和黏性。新媒体信息沟通的基本功能决定新媒体产品具有与生俱来的社交基因，当使用新产品的人越来越多，每一个使用者在使用产品时所获得的需求满足程度就上升了，用户体验升级又势必造成需求上升。

## 二、新媒体产品是准公共产品

公共产品（此处指纯公共品）具有非竞争性和非排他性，一个人消费该产品不减少其他人同样的消费行为的效用。公共产品为社会公共资源，任何人都享有平等消费权。新媒体产品使用者的增加，边际成本为负，使用者越多，使用产品的时间越长，产品生产者所收获的用户注意力越多，相对于其维护服务成本，每增加一个用户的边际成本几乎可以忽略不计。新媒体产品现行的经营模式基本上是"免费＋收费"的复合模式，降低使用条件门槛，在设计方面强化易用易得性，让产品体验像人类的本能和条件反射一样自然轻松，人性化的设计让新媒体产品成为"不需要说明书的产品"，任何新媒体用户都能够轻松使用新媒体产品，满足沟通、资讯、娱乐和电子商务等方面的需求。当然，新媒体产品的收费部分并不属于公共产品，为用户定制的付费的个性服务，具有排他性；同时，在使用时与其他使用者不存在利益冲突，因此具有排他性和非竞争性。总的来说，新媒体产品具有使用的不充分非竞争性和不充分非排他性，属于准公共产品。

### 三、新媒体产品是开放式产品

传统传媒的二次售卖理论认为，媒介公司和广告商之间的买卖行为要通过受众投入注意力和时间才能达成。节目内容的制作要充分考虑对受众的吸引力，受众范围越广，对节目内容关注度越高，广告商得到关注的可能性越大。媒介产生受众，广告商购买受众注意力，受众在媒介与广告商之间成功建立起一种交易关系。① 这就是传统传媒的二次售卖理论，建立于"注意力经济"的基础上，认为传媒经济中，媒介、受众和广告商之间在表面上形成了一种相互依存、相互制约的关系，实质却是媒介和广告商通过对受众的利用承担最小成本或追求最大收益，受众处于被动地位，媒体行为更多是一种消极迎合，即使有价值的信息内容往往也因媒体的曲意逢迎变得面目全非。信息化经济已经进入社会网络化时代，人的价值取向日益决定着商品的销售，新媒体产品的多元化和个性化意味着商品含有的精神文化等主观因素越来越多，产品创新决策者秉持"买涨不买跌"的原

---

① 刘燕南. 论"三次售卖"：兼谈电视互动节目中的受众权益问题［J］. 中国广播电视学刊，2005（9）：48－50.

则，必然要对新产品的市场前景预测进行周密论证，对社会风尚和审美潮流、对用户的心理及心理对其行为的影响进行研究。在新媒体商业模式中，成功的产品因为解决了用户的某个问题而具有价值，新媒体产品以用户为核心，通过多维度开放，对用户行为进行维护、开发和延伸，从而组建社会生活共同体的特定社区。如腾讯对第三方应用开发者的"一站式接入、多平台发布"的开放，为用户构建"一站式在线生活平台"。新媒体产品不再局限于以往"媒介—用户—广告商"的简单售卖关系，而是一种开放生态中的互通共融。

# 第四章
# 新媒体产品创新的
# "行动者网络"理论分析

 

IT 领域著名的技术专家艾伦·凯（Alan Kay）说："预测未来的唯一办法是发明未来。"[①] 创新的动力，来自对未来无限可能的向往。新媒体技术不断进化，带来新媒体领域的无限潜能和未来机遇，彻底改变人们的生活方式和社会形态，为人类提供了丰富想象空间。创新对新媒体尤其重要，技术创新才能激活新媒体。消费者的需求变化、科学技术发展和市场的强烈竞争力推动着新媒体不断创新。与此同时，资本的逐利本性促使各大新媒体主体竞相采用最新的技术，以最快的速度响应市场需求，挖掘潜在市场空间。

经济全球化，市场竞争环境激烈的背景下，创新主要体现在持续推出最新的产品和服务方式。新媒体产品包括有形的产品和无形的服务，通过产品和服务的创新，满足用户新的体验需求，发掘潜在的相关市场，由此获得市场效益和社会效益，增强自身竞争力。产品创新是新媒体创新的最终表现形式，为了敏捷应对瞬息万变的市场和社会需求，新媒体主体正在形成和完善以多品种、短周期、高频率、快速迭代为特点的产品创新模式。

以互联网为标志的新媒体在过去二十多年的时间里，创造出许多新产品，改变甚至颠覆了人们的观点和社会生活方式。厘清新媒体产品创新的

---

① 来源于 Dictionary-Quotes, https：//www. dictionary-quotes. com/alan-kay/，September 24，2009.

内在机制和外在环境等多方因素，以及新媒体通过怎样的运行体系而衍生出产品创新行为，在新媒体产品创新的评估体系研究中非常重要。为了完整说明新媒体产品创新的过程以及运行规律，本书引入行动者网络理论，旨在通过介绍行动者网络理论的基本框架，探讨各行动者基于各自利益和立场的多个因素通过相互作用，为促成新媒体产品创新的顺利进行而构建行动者网络的过程，并尝试构建新媒体产品创新发展的行动者网络。

行动者网络理论起源于 20 世纪 80 年代的科学知识社会学理论，代表学者为法国社会学家米歇尔·卡龙和布鲁诺·拉图尔，他们构建了行动者网络理论（Actor Networking Theory）这个全新的理论分支，其理论基础是广义对称性原则：自然与社会、真理与谬误、人类与非人类因素是网络中具有同等身份的行动者。广义对称性原则把自然和社会当作孪生的结果。自然和社会，人类和非人类行动者，这样的异质行动者以同等对称性，共同构成行动者网络。

行动者网络理论的核心概念包括"行动者网络""转译"等。新媒体产品创新中各种相互作用的人类行动者和非人类行动者共同构建了新媒体创新网络行动者。

行动者网络是指由"行动者"（Actor）在各个关键点上连接而构成互动的网络，共同作用于科学技术创新过程，创新行为是由各行动者们在各自目标交汇点的驱使下产生联系和互动，每个行动者都是完整网络的关键点，缺一不可。人类行动者与非人类行动者的身份是平等的，各行动者通过发挥不同的作用和功能，在创新行为的各个环节共同联动，实现预期目标，最终获取利益。

转译是行动者网络形成的作用途径，是网络构建过程向前推进的关键动力，是行动者网络理论的中心。通过"转译"过程，其他行动者加入行动者网络中。转译过程分成 4 个步骤：问题呈现、权益赋予、征召和动员。在创新网络构建过程中，最重要的一环是转译，各行动者通过转译进行物质流、信息流和能量流的源源不断的传递，构成一个动态循环的运行系统。①

---

① 汪洁，王洪亮. 基于行动者网络理论的创新生态系统模型构建［J］. 商业时代，2014（12）：36－38.

基于行动者网络理论，本书通过以下 3 个层次进行解析：① "行动者"与 "强制通行点"构成分析；② "转译过程分析"；③ 行动者网络运行规律分析。

在产品创新中，管理者自身现有能力和思维观念会影响创新决策制定，选择完善现有产品，或者冒险开发全新的产品，和管理者的个人特质有很大关系。创新主体通过关注顾客、关注竞争者来获得真实的市场信息，从而发现自身产品不足，进而制定出有效的产品创新策略。因此新产品研发受到 3 个因素影响：创新主体能利用的机会、创新主体与市场间的互动和创新主体自身的能力。创新主体对内部和外部的资源及信息的整合机制尤为重要，本书基于动态管理的角度，从对创新的认知、人力资本与社会资本 3 个方面分析影响产品创新的因素。

## 第一节　"行动者"与 "强制通行点"构成分析

在行动者网络理论中，行动者是网络构建的关键节点，其互相之间的关系构成行动者网络的形态和运行方式。管理者、政府和资本对创新的认知决定了创新行为的发生；科研者和开发者是产品创新网络中的人力资本，应用者和资本是产品创新网络内外部的社会资本，他们在新媒体产品创新行动者网络的构建过程中互相作用、共同促进（见图 4-1）。

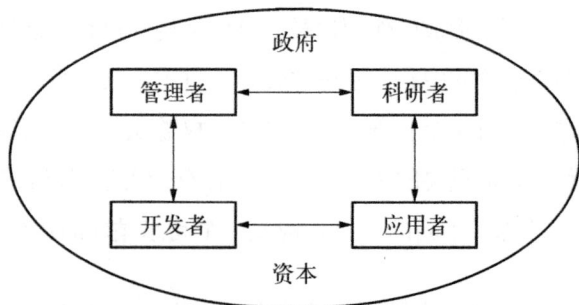

图 4-1　新媒体产品创新行动者网络的行动者

## 一、行动者分析

促使新媒体进行产品创新的各要素构成行动者网络的多个行动者，这些要素都能影响新媒体产品创新并能从中获益，新媒体产品创新依赖于这些异质性要素组合起来的行动者网络。新媒体产品创新的行动者包括管理者、科研者、开发者、应用者、政府和资本，其中，管理者是核心行动者，它设置强制通行点，带领其他行动者一起协作，完成新媒体产品行动者网络的构建。

### 1. 管理者

管理者是创新主体的代言人。管理是贯穿于整个创新大环境，包括决策、计划、组织、领导、控制和创新，以达到既定组织目标的过程。新媒体产品创新需要在共同的创新理念指引下整合和发展创新资源，创新主体通过对所拥有的资源进行整合，营造创新氛围，建立创新机制，保持持续创新力，为创新网络的构建奠定基础，达到让新媒体组织和相关方共同协商合作，实现市场效益和社会效益多赢的局面。

### 2. 科研者

科研者主要指新媒体组织内外部的科学技术研究部门和机构，科研人员是它的代言人。科研机构为了实现技术理想和证实技术价值而不断创新，然而很多技术却成为专利而束之高阁，没有被成功市场化。对于学术理论的研究只有同市场、企业的运用结合起来，将科研成果转化为生产力，才能使研究方向更准确。

在新媒体产品创新行动者网络中，科研创新是一个经济运行过程，包含商业化经济运行要素，新媒体产品创新是一项不确定性的高风险投资活动，失败的创新会带来重大的创伤，为了避免前期大量投入的成本无法收回，丧失抢占市场的最佳时间，必须利用高新技术，将创新要素合理并有效地组合以取得最大化的利润。从某种程度上来说，优秀的科研者是集科学研究、科技发明、产品开发三者于一身的行动者角色。在新媒体产品创新行动者网络中，科研者与开发者的互动和协商有助于提高产品创新的成功概率。

### 3. 开发者

开发者主要指新媒体组织内部的研发部门，产品开发人员是其代言人。开发者的作用是将技术或概念推入市场，负责高科技成果的市场化，他们通常从现有技术中提取新的技术，或者改善生产方法，将科研者的新发明或新观念变成可应用的技术，提高生产效率。市场结构取决于获取信息和资源的能力，开发者充分利用高校和科研机构的研发资源，将他们引入产品创新流程中，并获得各行动者的协助，从而降低新媒体企业研发新科技的风险和成本。成功的新产品犹如新鲜血液注入市场，快速地扩散开来，被越来越多的消费者所采用。

新媒体产品迭代创新，周期短，更新快，对创新资源的整合和协作要求更高。新媒体产品的开发者更多的是通过从外部获取信息、技术和资源来弥补企业内部创新资源的不足，为产品创新构建长期合作的稳定的行动者网络，对提高产品创新成效具有决定性作用。在新媒体产品开发整个过程中，开发者通常需要不断地收集多方面的创意，以及用户的反馈和建议，让产品和服务顺应市场规律，获得应用者最大程度的满意和认可，从而创造更高的用户价值和商业价值。

### 4. 应用者

应用者即创新成果的体验者，包括个人和组织。用户需求是科技创新的第一驱动力，新媒体通过满足用户需求来体现创新价值，新媒体产品用户即应用者。新媒体产品必须满足用户基本的心理需求和动机，以及碎片化定制的个性需求，使用户获取点对点的新体验和优良服务。同时，用户在使用过程中的快捷互动和智能反馈，又为科研者和开发者提供了信息。相较于其他行业，新媒体行业的需求由每一个特定用户的个性化、碎片化定制需求汇聚而成，因此新媒体产品创新更倾向于从应用者中获得建议和支持，甚至由用户参与研发的整个流程。同时，新媒体产品创新还会根据用户的意见和建议，进一步丰富产品内容，完善产品体验。

5. 政府

政府对于新媒体创新的影响主要体现在政策、教育和文化3个方面。

(1)政策。国家政策对产业或企业发展起着从上而下的决定性作用。政府对新媒体创新重点扶持，重视互联网等新兴媒体建设、运用、管理，推进物联网研发应用；加强基础设施建设，提升网络带宽和国家信息基础设施的质量；扩大资金投入，增强科技创新能力和新媒体产业竞争力，解决社会经济发展中不平衡、不协调、不可持续问题等。

(2)教育。教育是保证持续创新力的最重要的环节，创新的根基是人，人的知识技能、创造力和对经济规律的认识是创新之源。只有通过对创新人才的教育培养，保持创新文化的持续性，保证高素质人才的不断供应，才能保证持续创新力。

(3)文化。文化是对政府硬性政策的软性补充和调节，创新价值观和社会文化价值观一脉相承。应以文化熏陶营造社会整体创新氛围，奠定创新文化的底蕴。

总体来说，政府可从以上3个方面加大创新投入，深化科技体制改革，营造鼓励创新的环境和文化，加速新媒体产品创新网络的运行和健全。

6. 资本

传媒业一直是风险投资和私募股权投资关注的热点，以互联网服务应用为主的新媒体的传播受众、传播渠道、传播模式和传播效果与传统媒体截然不同。资本注入能迅速整合资源，加速市场价值的变现，从而促进新媒体产业化发展。新媒体行业借助风险投资的支持实现媒体的快速成长，随后嫁接资本市场，已经成为典型的发展路线。没有资本，很多有用的创新得不到开发，因此资本让创新的实现成为可能。在创新网络中，新媒体产业发展不断深入，资本力量也在持续渗透到媒体产业之中，对新媒体组织的创新和融合起到催化剂的作用，深刻地改变了媒体产业格局。

新媒体产品创新中，有来自企业外部和高校研究机构的研发资源，有关于市场需求的数据资源，有用户对于产品的意见反馈资源，有政府的政策和行政资源，有投资机构的资本资源，核心行动者将这些资源进行聚合，协调各行动者积极互动，互惠互利，有效地滋养着新媒体产品创新的网络。缺少其中任何一个行动者，新媒体产品创新的成功可能就会大打折扣，甚至成为不可能完成的任务。

## 二、"强制通行点"的确定

我们假设强制通行点是"开发创新产品和服务，满足用户需求，实现社会效益和市场效益"，需要验证各行动者是否必须通过此强制通行点。新媒体组织的管理者是核心行动者，核心行动者说服其他行动者加入网络联盟，将自身想要实现的目标转化成其他行动者共同的"强制通行点"。

为了"开发创新产品和服务，满足用户需求，实现社会效益和市场效益"，管理者要让企业处于良性运转状态，保持组织的可持续发展能力，不断创新，以创造更多优秀的产品和服务。科研者和开发者的工作为产品创新奠定基础，开发者将科研者的技术研究资源引入市场，以产品和服务的形式实现科研成果的商业价值。而对目标用户进行调查研究，对用户体验反馈和建议的收集，都是为了创造出更充分便捷的使用体验，满足个人和组织的需求。当许多创新项目因为资金短缺而无法开展时，政策允许的资本的注入能整合资源，帮助创新设想成功实现，而成功的产品创新能带来高额的投资回报。政府为了产业整体布局和社会经济发展，积极推动新媒体产业的创新，促进产业发展和社会变迁。运用社会变迁与文化之间的互动关系，打造创新基因活跃的现代社会文化，通过教育和培训，传播创新的理念和文化，培养更多创新人才，为新媒体创新提供生力军，使创新成为一个系统而持续运行的网络。

强制通行点的确定，构成创新联盟所有行动者的共同愿望，对未来前景的期待又成为把行动者网络聚合起来的黏合剂。在新媒体产品创新行动者网络中，各行动者各司其职又互相协商合作，通过完成强制通行点的任务——"开发创新产品和服务，满足用户需求，实现社会效益和市场效益"——从而达到各自目标。

## 第二节　构建行动者网络——转译过程分析

转译的关键点是问题的发起者，本研究将管理者作为发起者，对转译过程的运作进行分析。管理的基本职能为计划、组织、领导、控制和创新，管理者通过制定创新发展的方向和目标，引进创新人才，创造创新条件，营造支持和鼓励创新的氛围，主导创新行为者网络的构建。

### 一、问题呈现

问题呈现，是转译过程的开始。管理者若想将自己的问题转化成其他行动者的通行点，必须使行动者网络构建中的每一个行动者都能够从解决管理者的问题中各有所得。只有科研者、开发者、应用者等在解决管理者问题的同时解决自身的问题，才有形成行动者网络联盟的可能。新媒体产品创新行动者网络中，管理者提出要解决的问题——创新产品和服务、满足用户需求、实现商业价值，为了解决这个问题，管理者必须整合各方资源，组成科技、研发、资金、政府等多方联动的创新联盟，为权益化行为做好准备。

### 二、权益赋予

权益赋予过程中，发起者确定每个行动者的身份，即在解决通行点的问题中，各行动者承担的任务。核心行动者的问题呈现过程吸引了其他行动者加入发起者的联盟，这些行动者有着不同的身份、目标、计划和动机，它们要权衡加入这个联盟的风险、利弊和得失，最后做出是否加入的决定。行动者的身份在权益赋予过程中被赋予新的意义，与之前的其他竞争行动者的联系被破坏或削弱，转而加强与新媒体产品创新联盟中其他行动者的互动和联系。成功的新媒体产品创新的巨大空间和想象力，让行动者主动积极寻求和新媒体的结合点，以期生产出商业前景良好的产品，通过实现创新产品的价值，进而间接达到实现自身发展的目标。

## 三、征召

在权益赋予中对各行动者的角色和利益的分配、协调和确定，是转移过程中的"征召"，征召实现了行动者们的顺利加入，通过多边协商，将确定的联盟行动者的利益纳入整体计划中。行动者可以主动或被动地加入，管理者贯穿整个转译联盟过程。一方面，多个行动者之间的行为具有相互联动作用，他们根据所掌握的信息及对自身能力的认知，从自己的利益出发，与其他参与者谈判达成协议或形成联盟，通过分工合作，共同解决强制通行点的问题，其结果对联盟方均有利。另一方面，任何一个行动者的中途退出，都会导致创新行为的中止，影响强制通行点的问题的解决。因此，核心行动者作为联盟的代言人，必须保持这个联盟的持续稳定性。管理者作为核心行动人，必须整合联盟内外部各行动者的资源，并制定相应的约束机制以维系创新联盟的稳定性。

## 四、动员

动员指通过发动某种机制，让行动者进入原先没有的状态。在联盟代言人的干预下，行动者们从最初的松散且互相不联动的状态，全力投入创新联盟的共同行动中，为同一件事情的利益相互协商。行动者网络的构建与维持是在整个大环境之下进行，必然受到外部因素和变化的影响，因此行动者网络的构建是一个动态调整的过程，所有行动者的角色和任务并不是固定唯一的，各异质行动者在相互依赖和磋商中，协商实现共同目标的关键点，使网络的运行处于最佳状态。新媒体产品创新过程中，政府大力推进和资本大量注入，给科研者和开发者全方位的支持和动力；对应用者需求和体验的满足，以及对社会效益和市场效益的预期，促使所有行动者在创新网络中努力寻求最优资源组合，保证将创新要素合理有效地组合并充分运用，从而获得创新效益最大化。

各行动者的转译过程以及网络运行，如图 4-2 所示。

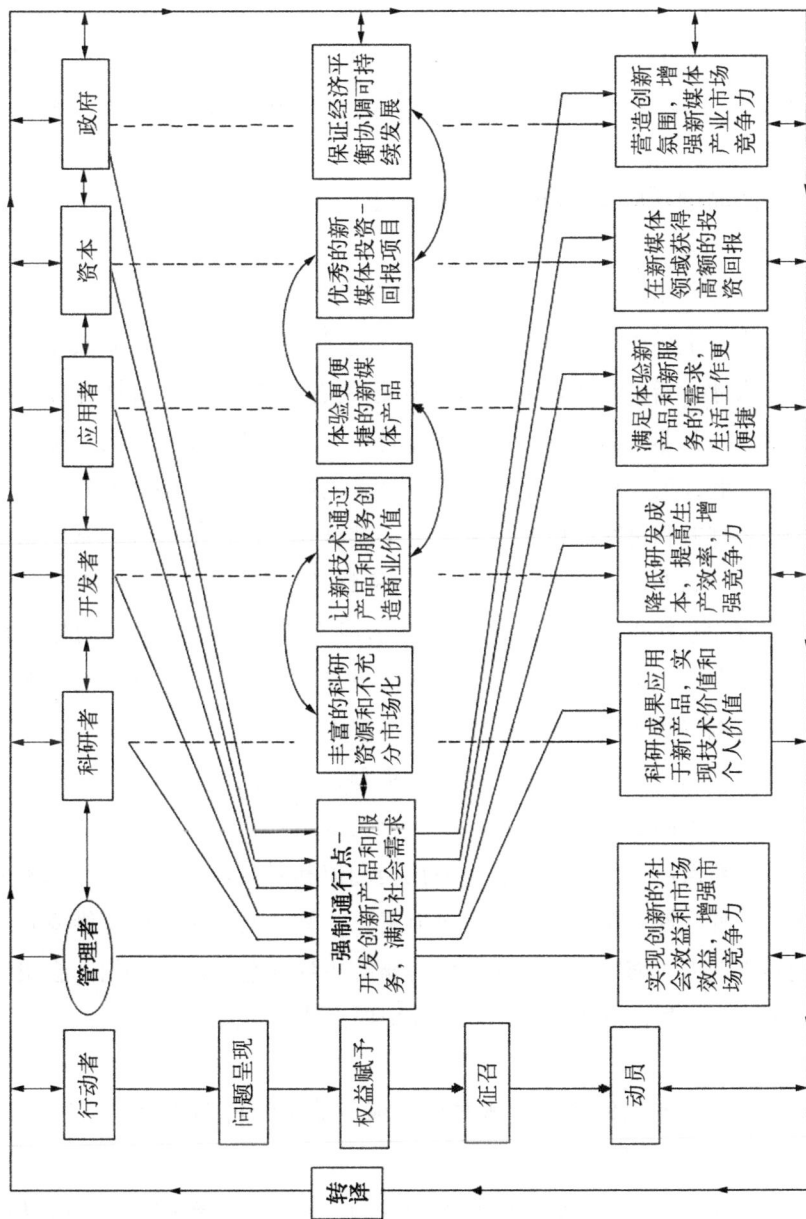

图 4 - 2 新媒体产品创新行动者网络的转译——"行动者"及"强制通行点"(OPP)

## 第三节　行动者网络运行规律分析

从构建新媒体产品创新行动者网络的过程中可以得知，新媒体产品创新要成功达到预期甚至超出预期的目标，掌握行动者网络的运行规律很重要。

### 一、产品创新应由管理者担任核心主导角色

在新媒体产品创新行动者网络中，管理者作为核心行动者，是创新主体的代言人，主导创新联盟的构建。当受到某个契机启发，如新技术、新方法、新人才、新材料等，管理者开始运用各种方法调动和整合各种资源，包括人力和非人力资源，通过协商合作，界定各自角色，为保障产品创新行为顺利开展，构建稳定可靠的行动者网络，并让网络利益联盟中的各个行动者都有利可图，以实现未来可持续合作。内外部各种因素的影响和变化，使行动者网络动态变化，新的网络不断生成，原有网络不断聚合，各节点相互作用，有序演进，最终形成由核心行动者主导的创新网络①。作为科技创新主体的代言人和创新联盟的发起人，管理者的资源整合作用和对网络整体运行的把控作用至关重要。

新媒体产品创新与工业制造业产品创新的不同之处在于：工业制造业往往是生产有形的物质产品，需要多个相关部门互相配合，互相之间联系较为松散。新媒体产品更多代表一种社会潮流和时尚，是对人们品味和心理需求的一种把握，在信息时代的快节奏下，社会文化和人们思维变化迅速，创新周期大大缩短，以管理者作为核心主导角色的项目小组，会更专注于对创新构想的淬炼和执行，以准确把握消费者的需求。

### 二、对未来的想象是新媒体产品创新行动者的行为动力

行动者网络理论强调创新实践中的互动，通过资源和信息的交换传递

---

①　刘锦英. 行动者网络理论：创新网络研究的新视角［J］. 科学管理研究，2013（3）：14-17.

来实现创新网络的动态稳定，创新联盟的行动者角色和任务处于动态变化中，而核心行动者的地位是相对稳定的，但也不排除核心行动者的变化。在任何阶段，核心行动者都是不可或缺的关键点，没有它的存在，整个行动者网络将不复存在。在利益协商过程中，每个行动者所发挥的作用都随时在变化。合作共赢是行为者网络运行的基础。在良性运转的行动者网络中，核心行动者设置的强制通行点和其他行动者的各自目标形成充分必要条件，核心行动者将自己的问题转换成其他行动者的问题和利益，强制通行点的问题解决了，其他行动者的问题也就解决了。各行动者的问题得到解决，不仅解决了核心行动者设置的强制通行点的问题，还为核心行动者的下一次构建创新行动者网络"转译过程"创造了更加开放流畅的环境。

　　新媒体产品创新是对预设场景里人们可能感兴趣的行为方式的设计，新媒体产品的价值在用户的注意力，主要以时间来计量。产品附加值越高，对用户来说，意味着使用此产品更省事省力，且获得的满足感越大，这对产品提供者更有利，能获得更多流量和活跃用户。如微信，最初是一个纯粹的社交工具，只有图文语音聊天功能，但在不断地创新中，微信公众平台接口不断放开，让用户留在平台上的时间更多，依赖性更强，微信开放的接口给人无穷的想象空间。有着广阔前景，代表未来发展方向和趋势，抢占市场先机的新媒体产品，让所有创新行动者趋之若鹜，新媒体产品创新既是对未来社会生活场景的创造，也是对未来时尚和潮流的引导。当然，用户流量和活跃指数是衡量新媒体产品是否成功的重要标准，提高流量转化率，即将点击次数转换成购买力或利润的比率，是衡量一个新媒体产品成熟度的核心指标。

### 三、新媒体产品创新的行动者更具人文关怀

　　由于其他行动者的投入程度和各自获益间接相关，为了顺利通过管理者设置的强制通行点，行动者内部之间形成互相牵制和共同促进的关系，这种关系能强化行动者网络各节点的连接。新媒体产品创新周期短、更新换代快的特点，决定了新媒体产品创新行动者网络构建是一个高速运转的过程，对资源整合的速度和灵活度要求非常高。因此，快速响应网络中行

动者所代表的每个节点的需求，并保持沟通和反馈机制的流畅显得尤为重要。新媒体产品创新要提供集意识、技术、产品、服务和应用于一体的极致体验产品，面对信息资源膨胀的环境、碎片化的个性用户需求、超级互联的社会以及持续创新的压力，新媒体产品创新网络中各行动者的资源在开放与共享、匹配与对接中，更多是由一致的创新观点和理念黏合起来的。新媒体产品创新不仅仅是技术的概念，产品和用户之间也不仅仅是简单的买卖关系，而是表现为用户体验的创新，"把贵的变得便宜，把收费的变成免费，符合人性的需求；把复杂的变简单，把笨重的变便携，也符合人性的需求"①。新媒体产品注重社交化互动性，提供智能、简约的个性化服务。经过创新，把用户体验变成互联网化智能体验，满足人们最基本的需求，在体验上赢得用户，就是新媒体产品创新的核心目标。

行动者网络理论为研究新媒体产品创新网络的形成及网络利益联盟的实现机制提供了一个独特的视角。根据行动者网络理论，新媒体产品创新是人类行动者和非人类行动者构成的异质行动者网络的构建过程，在此过程中，不同利益取向和行为方式的行动者都对新媒体产品创新的过程产生一定的影响。新媒体产品创新过程中内部和外部资源的整合非常重要。创新主体的核心行动者通过问题呈现，设置强制通行点，通过利益赋予、征召和动员等转译过程，整合各异质行动者的利益，构建稳定的行动者网络利益联盟，是新媒体产品创新成功的关键。

---

① 周鸿祎. 颠覆式创新的本质是满足需求（新媒体观察）：互联网思维系列谈之九［N］. 人民日报，2014-12-11（14）.

# 第五章
# 新媒体产品创新
# 调查及因素分析

本次问卷调查回收有效问卷 446 份，有 207 家企业接受调查并提供了相关信息，访问的企业有腾讯、百度、新浪、网易、阿里巴巴等大型企业，也有大众点评网、携程旅游、墨迹天气、IMO 易睦、云家政、饿了么、宅米网、59store 等中小型企业，其中有知名企业，也有刚起步的创业公司。

## 第一节　数据分析

调查结果显示，受访者所在的新媒体企业中，25.1%为国有企业，股份制企业比例为 40.8%，外商投资企业为 17.0%，私营企业占 17.0%（见表 5-1）。

本次受访企业对象中，37.9%的企业成立于 1995 年至 2000 年间，2012 年至 2014 年间成立的企业占 25.6%，两者比例合计 63.5%（见表 5-2）。

根据 2003 年国家统计局关于印发《统计上大中小型企业划分办法（暂行）》的通知，新媒体企业从业人数介于文体娱乐企业、信息传输企业和计算机服务企业之间，一般来说，员工人数超过 500 的新媒体企业属于大型企业，员工人数在 100~500 之间的新媒体企业属于中型企业，员工人数在 100 以下的新媒体企业属于小型企业（见表 5-3）。

表 5 - 1    企业所有制情况

| | 所有制情况 | 频率 | 百分比/% | 有效百分比/% | 累积百分比/% |
|---|---|---|---|---|---|
| 有效 | 国有企业 | 112 | 25.1 | 25.1 | 25.1 |
| | 外商投资企业 | 76 | 17.0 | 17.0 | 42.2 |
| | 股份制企业 | 182 | 40.8 | 40.8 | 83.0 |
| | 私营企业 | 76 | 17.0 | 17.0 | 100.0 |
| | 合计 | 446 | 100.0 | 100.0 | |

表 5 - 2    企业成立时间统计表

| | 成立时间 | 频率 | 百分比/% | 有效百分比/% | 累积百分比/% |
|---|---|---|---|---|---|
| 有效 | 1995—2000 年 | 169 | 37.9 | 37.9 | 37.9 |
| | 2001—2004 年 | 47 | 10.5 | 10.5 | 48.4 |
| | 2005—2008 年 | 37 | 8.3 | 8.3 | 56.7 |
| | 2009—2011 年 | 79 | 17.7 | 17.7 | 74.4 |
| | 2012—2014 年 | 114 | 25.6 | 25.6 | 100.0 |
| | 合计 | 446 | 100.0 | 100.0 | |

表 5 - 3    企业员工人数统计表

| | 人 数 | 频率 | 百分比/% | 有效百分比/% | 累积百分比/% |
|---|---|---|---|---|---|
| 有效 | >10 000 | 30 | 6.7 | 6.7 | 6.7 |
| | 5 001~10 000 | 84 | 18.8 | 18.8 | 25.6 |
| | 1 001~5 000 | 47 | 10.5 | 10.5 | 36.1 |
| | 501~1 000 | 85 | 19.1 | 19.1 | 55.2 |
| | 101~500 | 114 | 25.6 | 25.6 | 80.7 |
| | <100 | 86 | 19.3 | 19.3 | 100.0 |
| | 合计 | 446 | 100.0 | 100.0 | |

　　企业研发人员人数统计表显示，研发人员人数在 10 以内的企业占 27.8%，研发人员人数在 11~50 的企业占 19.3%，研发人员人数在 1 001~5 000 之间的企业占 18.8%（见表 5-4）。

表 5-4　企业研发人员人数统计表

| | 研发人员人数 | 频　率 | 百分比/% | 有效百分比/% | 累积百分比/% |
|---|---|---|---|---|---|
| 有效 | 1 001~5 000 | 84 | 18.8 | 18.8 | 18.8 |
| | 501~1 000 | 23 | 5.2 | 5.2 | 24.0 |
| | 101~500 | 61 | 13.7 | 13.7 | 37.7 |
| | 51~100 | 68 | 15.2 | 15.2 | 52.9 |
| | 11~50 | 86 | 19.3 | 19.3 | 72.2 |
| | <10 | 124 | 27.8 | 27.8 | 100.0 |
| | 合计 | 446 | 100.0 | 100.0 | |

　　本次调研对象为中国新媒体企业的研发部门人员和管理者，所涉及的 207 家企业中大部分为员工人数在 100~500 的中小型企业。

　　笔者对企业人数和企业研发人员人数进行了交叉表分析。交叉表分析主要用来检验两个变量之间是否存在关系，或者说是否独立，假定零假设为两个变量之间没有关系。分析结果显示，表 5-5 中 pearson 卡方检验 sig. 值为 0，小于 0.05，因此笔者认为不同企业的员工人数与企业研发人员比例有显著的差别。

表 5-5　卡方检验

| | 值 | df | 渐进 Sig.（双侧） |
|---|---|---|---|
| pearson 卡方 | 806.836[a] | 25 | 0.000 |
| 似然比 | 840.462 | 25 | 0.000 |
| 线性和线性组合 | 379.733 | 1 | 0.000 |
| 有效案例中的 N | 446 | | |

表 5-6 中 phi 值和 V 值都代表了两个变量之间关系的紧密度,phi
值=1.345,V 值=0.602,数值均大于 0.1,说明两个变量之间的关系
紧密。

表 5-6　对称度量

| | | 值 | 近似值 Sig. |
|---|---|---|---|
| 按标量标定 | Phi 值 | 1.345 | 0.000 |
| | Cramer 的 V 值 | 0.602 | 0.000 |
| 有效案例中的 N | | 446 | |

通过对企业员工人数和研发人员人数两个变量进行交叉表(见
表 5-7)分析可知,绝大多数企业研发人员数量占企业总人数的
10%~50%,企业人数越多的企业,研发人员所占比例越大。一些企业研
发人员甚至超过企业总人数的50%,这符合目前新媒体企业现状。如腾讯
目前有50%以上员工为研发人员,拥有完善的自主研发体系。

表 5-7　企业研发人员人数 * 企业员工人数交叉制表

| | | | 企业员工人数 | | | | | | 合计 |
|---|---|---|---|---|---|---|---|---|---|
| | | | >10 000 | 5 001~10 000 | 1 001~5 000 | 501~1 000 | 101~500 | <100 | |
| 企业研发人员数 | 1 001~5 000 | 计数 | 20 | 64 | 0 | 0 | 0 | 0 | 84 |
| | | 企业研发人员数占比 | 23.8% | 76.2% | 0.0% | 0.0% | 0.0% | 0.0% | 100.0% |
| | 501~1 000 | 计数 | 6 | 8 | 9 | 0 | 0 | 0 | 23 |
| | | 企业研发人员数占比 | 26.1% | 34.8% | 39.1% | 0.0% | 0.0% | 0.0% | 100.0% |
| | 101~500 | 计数 | 4 | 12 | 25 | 20 | 0 | 0 | 61 |
| | | 企业研发人员数占比 | 6.6% | 19.7% | 41.0% | 32.8% | 0.0% | 0.0% | 100.0% |
| | 51~100 | 计数 | 0 | 0 | 13 | 37 | 18 | 0 | 68 |
| | | 企业研发人员数占比 | 0.0% | 0.0% | 19.1% | 54.4% | 26.5% | 0.0% | 100.0% |

续表

| | | | 企业员工人数 | | | | | | 合计 |
|---|---|---|---|---|---|---|---|---|---|
| | | | >10 000 | 5 001~10 000 | 1 001~5 000 | 501~1 000 | 101~500 | <100 | |
| 企业研发人员数 | 11~50 | 计数 | 0 | 0 | 0 | 28 | 58 | 0 | 86 |
| | | 企业研发人员人数占比 | 0.0% | 0.0% | 0.0% | 32.6% | 67.4% | 0.0% | 100.0% |
| | <10 | 计数 | 0 | 0 | 0 | 0 | 38 | 86 | 124 |
| | | 企业研发人员人数占比 | 0.0% | 0.0% | 0.0% | 0.0% | 30.6% | 69.4% | 100.0% |
| 合计 | | 计数 | 30 | 84 | 47 | 85 | 114 | 86 | 446 |
| | | 企业研发人员人数占比 | 6.7% | 18.8% | 10.5% | 19.1% | 25.6% | 19.3% | 100.0% |

随着新媒体企业产品创新的力度加大，企业研发人员占总员工人数的比例越来越大，研发人数和研发投入也在不断增加。研发费用主要用于聘请更多研发人员开发新的功能和服务，包括产品研发团队扩大而产生的薪资、福利等相关费用。

# 第二节　产品因素

对新媒体产品进行创新评估，首先要对产品本身进行评价。为了全面了解新媒体产品创新的方法、创新的表现、业界对成功的新媒体产品的评价及未来新媒体产品创新的方向等，本书将新媒体产品因素的评价分为新媒体产品的创新表现、新媒体产品的创新方法、企业对新产品的成功标准设定和新媒体产品创新的方向 4 个方面进行描述，将与新媒体产品自身相关的产品因素分成以下 22 个指标（见表 5-8）。

本书采用因子分析法对多项指标进行检测，研究变量之间的相关关系，并简化数据，便于探求数据中的规律，分析读取数据中的隐含信息。在进行因子提取之前，先要判断进行因子分析是否合适，首先进行样本充分性 KMO（Kaiser Meyer-Olykin）检验和巴特莱特球形度检验（Bartelett test of sphericity)。一般认为，KMO 在 0.9 以上，非常适合；0.8～0.9，很适合；0.7～0.8，适合；0.6～0.7，很勉强；0.5～0.6，不太适合；0.5 以下，不适合。[①]

表 5 - 8　新媒体产品创新的产品因素变量表

| 因子名称 | 变量 | 指 标 名 称 |
|---|---|---|
| 新媒体产品的创新表现 | $X_1$ | 采用的技术新 |
| | $X_2$ | 产品概念新 |
| | $X_3$ | 产品市场定位新 |
| | $X_4$ | 产品商业模式新 |
| | $X_5$ | 产品用户体验新 |
| | $X_6$ | 产品设计新 |
| | $X_7$ | 设计、技术、商业的新融合 |
| 新媒体产品的创新方法 | $X_8$ | 现有产品的改良 |
| | $X_9$ | 模仿已有产品并改进 |
| | $X_{10}$ | 创造前所未有的全新产品 |
| | $X_{11}$ | 已有功能的重新组合 |
| 企业对新产品的成功标准设定 | $X_{12}$ | 产出投入比高 |
| | $X_{13}$ | 用户流量和活跃指数高 |
| | $X_{14}$ | 能迅速占领市场，获得高收益 |
| | $X_{15}$ | 前景广阔，代表未来发展方向和趋势，抢占市场先机 |
| 新媒体产品创新的方向 | $X_{16}$ | 注重用户参与产品研发 |
| | $X_{17}$ | 多种优势功能组合的服务平台和入口 |
| | $X_{18}$ | 摈弃大而全的细分核心功能 |
| | $X_{19}$ | 社交化，智能简约个性化 |
| | $X_{20}$ | 满足基本需求，降低成本 |
| | $X_{21}$ | 创造前所未有的需求 |
| | $X_{22}$ | 用互联网思维和技术改造传统行业 |

---

① 马庆国. 管理统计 [M]. 北京：科学出版社，2002.

本书对样本进行 KMO 检验得到的数值为 0.718，大于 0.6，因此适合进行因子分析。表 5-9 中第二行 Bartelett 球形度检验用于检验相关阵是否是单位阵，即各变量是否相互独立。表 5-9 中结果显示，近似卡方值为 5 017.781，自由度为 231，检验的显著性概率为 0，代表母群体的相关矩阵间有共同因素存在，适合进行因子分析。

表 5-9　KMO 和 Bartlett 的检验

| 取样足够度的 Kaiser-Meyer-Olkin 度量 | | 0.718 |
|---|---|---|
| Bartlett 的球形度检验 | 近似卡方 | 5 017.781 |
| | df | 231 |
| | Sig. | 0.000 |

按照特征根大于 1 的原则，选入 6 个公因子，其累计方差贡献率为67.622%（见表 5-10），能全面地反映所有信息。

表 5-10　解释的总方差

| 成分 | 初始特征值 | | | 提取平方和载入 | | | 旋转平方和载入 | | |
|---|---|---|---|---|---|---|---|---|---|
| | 合计 | 方差的% | 累积% | 合计 | 方差的% | 累积% | 合计 | 方差的% | 累积% |
| 1 | 4.385 | 19.933 | 19.933 | 4.385 | 19.933 | 19.933 | 3.062 | 13.917 | 13.917 |
| 2 | 3.365 | 15.296 | 35.229 | 3.365 | 15.296 | 35.229 | 3.011 | 13.685 | 27.602 |
| 3 | 2.649 | 12.040 | 47.269 | 2.649 | 12.040 | 47.269 | 2.627 | 11.942 | 39.544 |
| 4 | 2.081 | 9.458 | 56.727 | 2.081 | 9.458 | 56.727 | 2.448 | 11.127 | 50.672 |
| 5 | 1.350 | 6.135 | 62.861 | 1.350 | 6.135 | 62.861 | 2.338 | 10.628 | 61.300 |
| 6 | 1.047 | 4.761 | 67.622 | 1.047 | 4.761 | 67.622 | 1.391 | 6.323 | 67.622 |
| 7 | 0.785 | 3.569 | 71.192 | | | | | | |
| 8 | 0.749 | 3.407 | 74.598 | | | | | | |
| 9 | 0.701 | 3.185 | 77.784 | | | | | | |
| 10 | 0.678 | 3.084 | 80.868 | | | | | | |
| 11 | 0.598 | 2.718 | 83.585 | | | | | | |

| 成分 | 初始特征值 | | | 提取平方和载入 | | | 旋转平方和载入 | | |
|---|---|---|---|---|---|---|---|---|---|
| | 合计 | 方差的% | 累积% | 合计 | 方差的% | 累积% | 合计 | 方差的% | 累积% |
| 12 | 0.583 | 2.651 | 86.236 | | | | | | |
| 13 | 0.497 | 2.260 | 88.496 | | | | | | |
| 14 | 0.466 | 2.118 | 90.614 | | | | | | |
| 15 | 0.414 | 1.882 | 92.496 | | | | | | |
| 16 | 0.392 | 1.781 | 94.277 | | | | | | |
| 17 | 0.364 | 1.654 | 95.931 | | | | | | |
| 18 | 0.317 | 1.440 | 97.371 | | | | | | |
| 19 | 0.275 | 1.251 | 98.621 | | | | | | |
| 20 | 0.165 | 0.750 | 99.372 | | | | | | |
| 21 | 0.080 | 0.365 | 99.737 | | | | | | |
| 22 | 0.058 | 0.263 | 100.000 | | | | | | |

提取方法：主成分分析。

表 5-11　旋转成分矩阵[a]

| | 成　分 | | | | | |
|---|---|---|---|---|---|---|
| | 1 | 2 | 3 | 4 | 5 | 6 |
| 采用的技术新 | 0.750 | −0.076 | 0.005 | 0.057 | −0.045 | 0.375 |
| 产品概念新 | 0.812 | −0.010 | 0.039 | −0.019 | 0.014 | −0.087 |
| 产品市场定位新 | 0.188 | −0.084 | −0.009 | −0.035 | 0.028 | 0.830 |
| 产品商业模式新 | 0.678 | −0.127 | 0.124 | −0.049 | 0.002 | 0.201 |
| 产品用户体验新 | 0.412 | 0.103 | −0.083 | 0.052 | −0.049 | 0.556 |
| 产品设计新 | 0.631 | 0.008 | −0.066 | −0.048 | 0.004 | 0.278 |
| 设计、技术、商业的新融合 | 0.859 | 0.008 | −0.041 | 0.031 | 0.011 | −0.074 |
| 现有产品的改良 | −0.004 | 0.043 | 0.023 | 0.032 | 0.768 | 0.068 |

续表

| | 成　分 | | | | | |
|---|---|---|---|---|---|---|
| | **1** | **2** | **3** | **4** | **5** | **6** |
| 模仿已有产品并改进 | −0.064 | 0.002 | −0.035 | 0.061 | 0.827 | −0.019 |
| 创造前所未有的全新产品 | 0.032 | 0.098 | −0.090 | 0.064 | 0.681 | 0.057 |
| 已有功能的重新组合 | 0.023 | −0.134 | 0.027 | 0.035 | 0.755 | −0.134 |
| 产出投入比高 | −0.020 | 0.120 | 0.018 | 0.715 | −0.015 | 0.014 |
| 用户流量和活跃指数高 | 0.087 | −0.040 | −0.042 | 0.764 | 0.057 | −0.051 |
| 迅速占领市场，获得高收益 | −0.013 | −0.072 | −0.070 | 0.838 | 0.070 | −0.067 |
| 代表未来发展趋势 | −0.087 | −0.118 | 0.011 | 0.788 | 0.098 | 0.111 |
| 注重用户参与产品研发 | −0.067 | 0.754 | 0.466 | −0.032 | 0.004 | 0.062 |
| 做服务平台和入口 | 0.078 | 0.390 | 0.576 | −0.038 | 0.019 | −0.226 |
| 摒弃大全，细分核心功能 | −0.055 | 0.918 | 0.161 | −0.017 | 0.007 | −0.015 |
| 社交化，智能简约个性化 | −0.045 | 0.937 | 0.089 | −0.032 | 0.030 | −0.079 |
| 满足基本需求，降低成本 | 0.030 | 0.101 | 0.946 | −0.018 | −0.065 | −0.052 |
| 创造前所未有的需求 | −0.020 | 0.265 | 0.893 | −0.024 | −0.034 | 0.060 |
| 用互联网思维和技术改造传统行业 | −0.032 | 0.621 | 0.552 | −0.050 | −0.022 | 0.093 |

提取方法：主成分分析。

旋转法：具有 Kaiser 标准化的正交旋转法。

a. 旋转在 6 次迭代后收敛。

根据表 5 - 11 的旋转成分矩阵，主成分分析表达如下：

$$Y_1 = 0.750X_1 + 0.812X_2 + 0.188X_3 + 0.678X_4 + 0.412X_5 +$$
$$0.631X_6 + 0.859X_7 - 0.004X_8 - 0.064X_9 +$$
$$0.032X_{10} + 0.023X_{11} - 0.020X_{12} + 0.087X_{13} -$$

$$0.013X_{14} - 0.087X_{15} - 0.067X_{16} + 0.078X_{17} -$$
$$0.055X_{18} - 0.045X_{19} + 0.030X_{20} - 0.020X_{21} -$$
$$0.032X_{22}$$

第一主成分 $Y_1$ 由采用的技术新 $X_1$，产品概念新 $X_2$，产品商业模式新 $X_4$，产品设计新 $X_6$，设计、技术、商业的新融合 $X_7$ 这 5 个因素确定，这 5 个因素的变量系数是变量 $Y_1$ 的综合反映。由此可知，新媒体产品创新中设计、技术、商业的新融合的重要性。

$$Y_2 = -0.076X_1 - 0.010X_2 - 0.084X_3 - 0.127X_4 +$$
$$0.103X_5 + 0.008X_6 + 0.008X_7 + 0.043X_8 +$$
$$0.002X_9 + 0.098X_{10} - 0.134X_{11} + 0.120X_{12} -$$
$$0.040X_{13} - 0.072X_{14} - 0.118X_{15} + 0.754X_{16} +$$
$$0.390X_{17} + 0.918X_{18} + 0.937X_{19} + 0.101X_{20} +$$
$$0.265X_{21} + 0.621X_{22}$$

第二主成分 $Y_2$ 由注重用户参与产品研发 $X_{16}$，摒弃大全、细分核心功能 $X_{18}$，社交化、智能简约个性化 $X_{19}$ 确定，这 3 个因素的变量系数是变量 $Y_2$ 的综合反映。由此可知，用户体验和人性化服务是新媒体产品创新中的重点。

$$Y_3 = 0.005X_1 + 0.039X_2 - 0.009X_3 + 0.124X_4 - 0.083X_5 -$$
$$0.066X_6 - 0.041X_7 + 0.023X_8 - 0.035X_9 -$$
$$0.090X_{10} + 0.027X_{11} + 0.018X_{12} - 0.042X_{13} -$$
$$0.070X_{14} + 0.011X_{15} + 0.466X_{16} + 0.576X_{17} +$$
$$0.161X_{18} + 0.089X_{19} + 0.946X_{20} + 0.893X_{21} +$$
$$0.552X_{22}$$

第三主成分 $Y_3$ 由多种优势功能组合的服务平台和入口 $X_{17}$，满足基本需求、降低成本 $X_{20}$，创造前所未有的需求 $X_{21}$，用互联网思维和技术改造传统行业 $X_{22}$ 确定，这 4 个因素的变量系数是变量 $Y_3$ 的综合反映。由此可知，新媒体产品创新中满足用户需求，多种功能组合，改造行业现状非常重要。

$$Y_4 = 0.057X_1 - 0.019X_2 - 0.035X_3 - 0.049X_4 + 0.052X_5 -$$
$$0.048X_6 + 0.031X_7 + 0.032X_8 + 0.061X_9 +$$
$$0.064X_{10} + 0.035X_{11} + 0.715X_{12} + 0.764X_{13} +$$
$$0.838X_{14} + 0.788X_{15} - 0.032X_{16} - 0.038X_{17} -$$
$$0.017X_{18} - 0.032X_{19} - 0.018X_{20} - 0.024X_{21} -$$
$$0.050X_{22}$$

第四主成分 $Y_4$ 是由产出投入比高 $X_{12}$，用户流量和活跃指数高 $X_{13}$，迅速占领市场、获得高收益 $X_{14}$，代表未来发展趋势 $X_{15}$ 4 个因素确定的，这 4 个因素的变量系数是变量 $Y_4$ 的综合反映。由此可知，用户流量和活跃指数，市场收益以及未来发展趋势是新媒体产品创新中较为重要的因素。

$$Y_5 = -0.045X_1 + 0.014X_2 + 0.028X_3 + 0.002X_4 -$$
$$0.049X_5 + 0.004X_6 + 0.011X_7 + 0.768X_8 +$$
$$0.827X_9 + 0.681X_{10} + 0.755X_{11} - 0.015X_{12} +$$
$$0.057X_{13} + 0.070X_{14} + 0.098X_{15} + 0.004X_{16} +$$
$$0.019X_{17} + 0.007X_{18} + 0.030X_{19} - 0.065X_{20} -$$
$$0.034X_{21} - 0.022X_{22}$$

第五主成分 $Y_5$ 由现有产品的改良 $X_8$，模仿已有产品并改进 $X_9$，创造前所未有的全新产品 $X_{10}$，已有功能的重新组合 $X_{11}$ 这 4 个因素确定，这 4 个因素的变量系数是变量 $Y_5$ 的综合反映。由此可知，产品创新方式对新媒体产品创新必不可少。

$$Y_6 = 0.375X_1 - 0.087X_2 + 0.830X_3 + 0.201X_4 + 0.556X_5 +$$
$$0.278X_6 - 0.074X_7 + 0.068X_8 - 0.019X_9 +$$
$$0.057X_{10} - 0.134X_{11} + 0.014X_{12} - 0.051X_{13} -$$
$$0.067X_{14} + 0.111X_{15} + 0.062X_{16} - 0.226X_{17} -$$
$$0.015X_{18} - 0.079X_{19} - 0.052X_{20} + 0.060X_{21} +$$
$$0.093X_{22}$$

第六主成分 $Y_6$ 是由产品市场定位新 $X_3$ 和产品用户体验新 $X_5$ 确定的，这 2 个因素的变量系数是变量 $Y_6$ 的综合反映。由此可知，市场和用户的结合因素对新媒体产品创新很重要。

通过分析研究以上 6 个主成分方程式，能够得出新媒体产品创新的产品影响因素。产品创新的体现、产品创新的方向、成功新产品的评价标准、产品市场与未来趋势、产品创新方式、产品市场定位与用户体验这 6 个因素，共同构成新媒体产品创新的产品影响因素，它们之间的具体关系如表5-12 所示。

表 5-12　新媒体产品创新的产品影响因素分析表

| 因子名称 | 指　标 | 因素 1 | 因素 2 | 因素 3 | 因素 4 | 因素 5 | 因素 6 |
|---|---|---|---|---|---|---|---|
| 产品创新的体现 | 采用的技术新<br>产品概念新<br>产品商业模式新<br>产品设计新<br>设计、技术、商业的新融合 | 0.750<br>0.812<br>0.678<br>0.631<br>0.859 | | | | | |
| 产品创新的方向 | 注重用户参与产品研发<br>摈弃大全，细分核心功能<br>社交化、智能简约个性化 | | 0.754<br>0.918<br>0.937 | | | | |
| 成功新产品的评价标准 | 优势功能组合的服务平台和入口<br>满足基本需求，降低成本<br>创造前所未有的需求<br>用互联网思维和技术改造传统行业 | | | 0.576<br>0.946<br>0.893<br>0.552 | | | |
| 产品市场与未来趋势 | 产出投入比高<br>用户流量和活跃指数高<br>迅速占领市场，获得高收益<br>代表未来发展趋势 | | | | 0.715<br>0.764<br>0.838<br>0.788 | | |
| 产品创新方式 | 现有产品的改良<br>模仿已有产品并改进<br>创造前所未有的全新产品<br>已有功能的重新组合 | | | | | 0.768<br>0.827<br>0.681<br>0.755 | |
| 产品市场定位与用户体验 | 产品市场定位新<br>产品用户体验新 | | | | | | 0.830<br>0.556 |

在分析新媒体产品创新体系的产品影响因素的过程中，我们可以通过特征根及解释的总方差表看出 6 个影响因素的强弱程度，如图 5-1 所示：

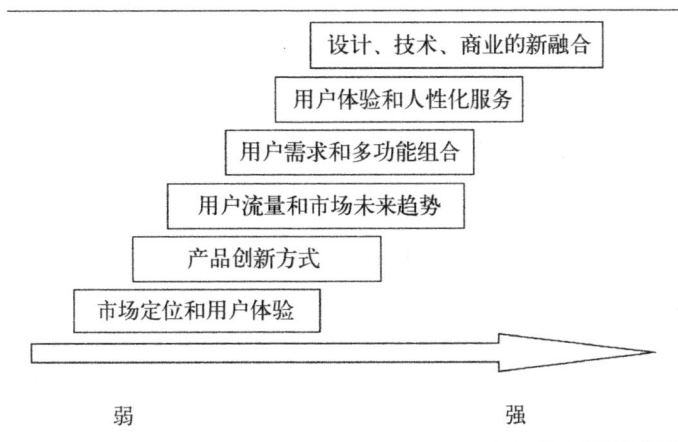

**图 5-1　新媒体产品创新体系的产品影响因素的重要性程度**

# 第三节　组织因素

企业组织是产品创新行为的主体，企业管理内容的本质和核心是维持与创新，它们相互联系、不可或缺，卓越的管理依赖于适度维持与适度创新的最优组合。创新是维持基础上的发展，而维持则是创新的逻辑延续；维持是为了让创新成果的价值得以实现，而创新则是让维持的主体能够升级换代，得到更高层次的依托。[①] 基于此，本书认为：① 企业组织在整体规划和全局战略上对产品创新的影响因素主要包括积极的鼓励和扶持政策 $X_1$、有效的激励和奖赏机制 $X_2$、宽松自由的工作环境 $X_3$、成熟完善的员工培训体系 $X_4$、运转良好的创新研发部门 $X_5$。② 企业产品创新的创意提出者分为一线营销运营部门 $X_6$、创新研发部门 $X_7$、基层和中层领导 $X_8$、高层领导 $X_9$、客户或粉丝反馈 $X_{10}$。③ 企业具体管理行为对产品创新的积极推动作用体现在以下 7 个方面：充足的创新资源 $X_{11}$，科学的创新流程和审核机制 $X_{12}$，跨部门的创新合作 $X_{13}$，高层的高度重视和推进 $X_{14}$，员工之间分享信息、经验和技术 $X_{15}$，创新团队的建设和协作 $X_{16}$，对创

---

① 周三多，陈传明，刘子馨，等. 管理学：原理与方法（第七版）［M］. 上海：复旦大学出版社，2018.

新贡献的重点奖励 $X_{17}$。

如表 5-13 所示，本节分析的 KMO 数值为 0.764，大于 0.5，适合进行因子分析。Bartlett 的球形度检验值为 0，近似卡方值为 4 037.048，自由度为 136，检验的显著性概率为 0，该结果显示相关阵是单位阵，各变量相互独立，且相关矩阵间存在共同因素，因此适合进行因子分析。

表 5-13　KMO 和 Bartlett 的检验

| 取样足够度的 Kaiser-Meyer-Olkin 度量 | | 0.764 |
|---|---|---|
| Bartlett 的球形度检验 | 近似卡方 | 4 037.048 |
| | df | 136 |
| | Sig. | 0.000 |

按照特征根大于 1 的原则选入 6 个公共因子，解释的方差都大于 1，其累计方差贡献率为 76.095%，能全面地反映所有信息（见表 5-14）。碎石图的横纵坐标分别为因子序号和各因子对应的特征值（见图 5-2）。碎石图中点与点之间比较陡的直线说明对应因子的特征值差值较大，较小的特征值差值对应较缓的直线。

表 5-14　解释的总方差

| 成分 | 初始特征值 | | | 提取平方和载入 | | | 旋转平方和载入 | | |
|---|---|---|---|---|---|---|---|---|---|
| | 合计 | 方差的% | 累积% | 合计 | 方差的% | 累积% | 合计 | 方差的% | 累积% |
| 1 | 4.380 | 25.762 | 25.762 | 4.380 | 25.762 | 25.762 | 4.152 | 24.421 | 24.421 |
| 2 | 2.838 | 16.693 | 42.455 | 2.838 | 16.693 | 42.455 | 2.699 | 15.876 | 40.297 |
| 3 | 2.207 | 12.979 | 55.435 | 2.207 | 12.979 | 55.435 | 1.809 | 10.644 | 50.942 |
| 4 | 1.410 | 8.297 | 63.731 | 1.410 | 8.297 | 63.731 | 1.616 | 9.504 | 60.446 |
| 5 | 1.097 | 6.455 | 70.186 | 1.097 | 6.455 | 70.186 | 1.497 | 8.804 | 69.249 |
| 6 | 1.005 | 5.909 | 76.095 | 1.005 | 5.909 | 76.095 | 1.164 | 6.846 | 76.095 |
| 7 | 0.695 | 4.087 | 80.183 | | | | | | |
| 8 | 0.640 | 3.767 | 83.950 | | | | | | |

续表

| 成分 | 初始特征值 | | | 提取平方和载入 | | | 旋转平方和载入 | | |
|---|---|---|---|---|---|---|---|---|---|
| | 合计 | 方差的% | 累积% | 合计 | 方差的% | 累积% | 合计 | 方差的% | 累积% |
| 9 | 0.542 | 3.189 | 87.139 | | | | | | |
| 10 | 0.473 | 2.780 | 89.919 | | | | | | |
| 11 | 0.444 | 2.614 | 92.534 | | | | | | |
| 12 | 0.328 | 1.929 | 94.463 | | | | | | |
| 13 | 0.295 | 1.736 | 96.199 | | | | | | |
| 14 | 0.236 | 1.390 | 97.589 | | | | | | |
| 15 | 0.197 | 1.161 | 98.750 | | | | | | |
| 16 | 0.138 | 0.811 | 99.561 | | | | | | |
| 17 | 0.075 | 0.439 | 100.000 | | | | | | |

提取方法：主成分分析。

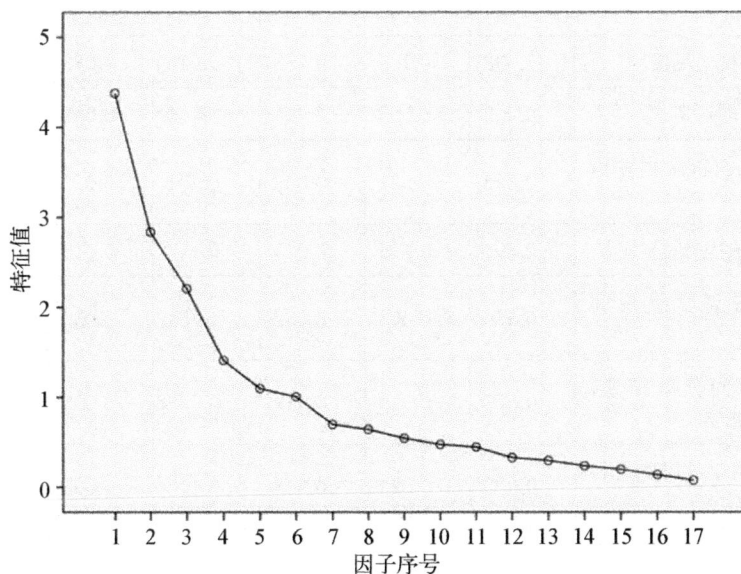

图 5-2　碎石图

根据表 5-15 的成分矩阵表，可以进行主成分分析。

表 5‑15    成分矩阵[a]

| | 成　分 | | | | | |
|---|---|---|---|---|---|---|
| | 1 | 2 | 3 | 4 | 5 | 6 |
| 积极的鼓励和扶持政策 | 0.001 | 0.754 | −0.038 | 0.003 | 0.030 | 0.143 |
| 有效的激励和奖赏机制 | −0.027 | 0.364 | −0.186 | −0.001 | 0.379 | 0.739 |
| 宽松自由的工作环境 | 0.146 | 0.803 | −0.076 | −0.008 | −0.221 | −0.260 |
| 成熟完善的员工培训体系 | 0.163 | 0.791 | −0.075 | −0.003 | −0.211 | −0.302 |
| 运转良好的创新研发部门 | 0.046 | 0.871 | −0.127 | 0.006 | 0.021 | 0.146 |
| 一线营销运营部门 | 0.077 | 0.161 | 0.360 | −0.073 | 0.675 | −0.316 |
| 创新研发部门 | 0.004 | 0.202 | 0.698 | 0.026 | 0.328 | −0.037 |
| 基层和中层领导 | −0.008 | 0.063 | 0.715 | 0.037 | −0.343 | 0.218 |
| 高层领导 | 0.024 | −0.002 | 0.625 | 0.069 | −0.401 | 0.270 |
| 客户或粉丝反馈 | 0.033 | 0.108 | 0.788 | −0.016 | 0.088 | −0.085 |
| 充足的创新资源 | 0.902 | −0.025 | −0.011 | −0.140 | 0.043 | 0.108 |
| 科学的创新流程和审核机制 | 0.853 | −0.071 | −0.003 | 0.431 | 0.020 | −0.009 |
| 跨部门的创新合作 | 0.894 | −0.115 | 0.004 | 0.143 | 0.015 | 0.013 |
| 高层的高度重视和推进 | 0.376 | −0.003 | −0.052 | 0.754 | 0.030 | −0.072 |
| 员工之间分享信息、经验和技术 | 0.577 | −0.059 | 0.019 | 0.599 | −0.078 | −0.074 |
| 创新团队的建设和协作 | 0.902 | −0.023 | −0.008 | −0.142 | 0.002 | 0.070 |
| 对创新贡献的重点奖励 | 0.832 | −0.062 | −0.021 | −0.253 | −0.014 | 0.034 |

提取方法：主成分。

a. 已提取了 6 个成分。

主成分分析表达如下：

$$Y_1 = 0.001X_1 - 0.027X_2 + 0.146X_3 + 0.163X_4 + 0.046X_5 +$$
$$0.077X_6 + 0.004X_7 - 0.008X_8 + 0.024X_9 +$$
$$0.033X_{10} + 0.902X_{11} + 0.853X_{12} + 0.894X_{13} +$$
$$0.376X_{14} + 0.577X_{15} + 0.902X_{16} + 0.832X_{17}$$

第一主成分 $Y_1$ 由充足的创新资源 $X_{11}$，创新团队的建设和协作 $X_{16}$，跨部门的创新合作 $X_{13}$，科学的创新流程和审核机制 $X_{12}$，对创新贡献的重点奖励 $X_{17}$ 5 个因素确定，这 5 个因素的变量系数是变量 $Y_1$ 的综合反映。说明管理—资源因素是新媒体产品创新中的重要因素。

$$Y_2 = 0.754X_1 + 0.364X_2 + 0.803X_3 + 0.791X_4 + 0.871X_5 +$$
$$0.161X_6 + 0.202X_7 + 0.063X_8 - 0.002X_9 +$$
$$0.108X_{10} - 0.025X_{11} - 0.071X_{12} - 0.115X_{13} -$$
$$0.003X_{14} - 0.059X_{15} - 0.023X_{16} - 0.062X_{17}$$

第二主成分 $Y_2$ 由运转良好的创新研发部门 $X_5$，宽松自由的工作环境 $X_3$，成熟完善的员工培训体系 $X_4$，积极的鼓励和扶持政策 $X_1$ 4 个因素确定，这 4 个因素的变量系数是变量 $Y_2$ 的综合反映。说明管理—培育因素对新媒体产品创新的影响力大。

$$Y_3 = -0.038X_1 - 0.186X_2 - 0.076X_3 - 0.075X_4 -$$
$$0.127X_5 + 0.360X_6 + 0.698X_7 + 0.715X_8 +$$
$$0.625X_9 + 0.788X_{10} - 0.011X_{11} - 0.003X_{12} +$$
$$0.004X_{13} - 0.052X_{14} + 0.019X_{15} - 0.008X_{16} -$$
$$0.021X_{17}$$

第三主成分 $Y_3$ 由客户或粉丝反馈 $X_{10}$，基层和中层领导 $X_8$，创新研发部门 $X_7$，高层领导 $X_9$ 4 个因素确定，这 4 个因素的变量系数是变量 $Y_3$ 的综合反映。说明新媒体产品创新中客户反馈—研发因素的作用较为明显。

$$Y_4 = 0.003X_1 - 0.001X_2 - 0.008X_3 - 0.003X_4 + 0.006X_5 -$$
$$0.073X_6 + 0.026X_7 + 0.037X_8 + 0.069X_9 -$$
$$0.016X_{10} - 0.140X_{11} + 0.431X_{12} + 0.143X_{13} +$$

$$0.754X_{14} + 0.599X_{15} - 0.142X_{16} - 0.253X_{17}$$

第四主成分 $Y_4$ 由高层的高度重视和推进 $X_{14}$，员工之间分享信息、经验和技术 $X_{15}$ 两个因素确定，这两个因素的变量系数是变量 $Y_4$ 的综合反映。说明管理—内部交流因素对新媒体产品创新很重要。

$$Y_5 = 0.030X_1 + 0.379X_2 - 0.221X_3 - 0.211X_4 + 0.021X_5 +$$
$$0.675X_6 + 0.328X_7 - 0.343X_8 - 0.401X_9 +$$
$$0.088X_{10} + 0.043X_{11} + 0.020X_{12} + 0.015X_{13} +$$
$$0.030X_{14} - 0.078X_{15} + 0.002X_{16} - 0.014X_{17}$$

第五主成分 $Y_5$ 由一线营销运营部门 $X_6$ 确定，这个因素的变量系数是变量 $Y_5$ 的综合反映。说明一线营销因素是新媒体产品创新中较为重要的因素。

$$Y_6 = 0.143X_1 + 0.739X_2 - 0.260X_3 - 0.302X_4 + 0.146X_5 -$$
$$0.316X_6 - 0.037X_7 + 0.218X_8 + 0.270X_9 -$$
$$0.085X_{10} + 0.108X_{11} - 0.009X_{12} + 0.013X_{13} -$$
$$0.072X_{14} - 0.074X_{15} + 0.070X_{16} + 0.034X_{17}$$

第六主成分 $Y_6$ 由有效的激励和奖赏机制 $X_2$ 确定，这个因素的变量系数是变量 $Y_6$ 的综合反映。说明激励机制因素对新媒体产品创新必不可少。

由以上分析得出 6 个主成分方程式，通过方程式分析新媒体产品创新的组织因素的内部构成，包括管理—资源因素、管理—培育因素、客户反馈—研发因素、管理—内部交流因素、一线营销因素、激励机制因素 6 个重要因素，如表 5-16 所示。

表 5-16　新媒体产品创新的组织因素分析表

| 因子名称 | 指 标 层 $X$ | 因素 1 | 因素 2 | 因素 3 | 因素 4 | 因素 5 | 因素 6 |
|---|---|---|---|---|---|---|---|
| 管理—资源因素 | 充足的创新资源 $X_{11}$<br>创新团队的建设和协作 $X_{16}$<br>跨部门的创新合作 $X_{13}$<br>科学的创新流程和审核机制 $X_{12}$<br>对创新贡献的重点奖励 $X_{17}$ | 0.902<br>0.853<br>0.894<br>0.902<br>0.832 | | | | | |

续表

| 因子名称 | 指 标 层 X | 因素1 | 因素2 | 因素3 | 因素4 | 因素5 | 因素6 |
|---|---|---|---|---|---|---|---|
| 管理—培育因素 | 运转良好的创新研发部门 $X_5$ | | 0.871 | | | | |
| | 宽松自由的工作环境 $X_3$ | | 0.803 | | | | |
| | 成熟完善的员工培训体系 $X_4$ | | 0.791 | | | | |
| | 积极的鼓励和扶持政策 $X_1$ | | 0.754 | | | | |
| 客户反馈—研发因素 | 客户或粉丝用户反馈 $X_{10}$ | | | 0.788 | | | |
| | 基层和中层领导 $X_8$ | | | 0.715 | | | |
| | 创新研发部门 $X_7$ | | | 0.698 | | | |
| | 高层领导 $X_9$ | | | 0.625 | | | |
| 管理—内部交流因素 | 高层的高度重视和推进 $X_{14}$ | | | | 0.754 | | |
| | 员工之间分享信息、经验和技术 $X_{15}$ | | | | 0.599 | | |
| 一线营销因素 | 一线营销运营部门 $X_6$ | | | | | 0.675 | |
| 激励机制因素 | 有效的激励和奖赏机制 $X_2$ | | | | | | 0.739 |

　　主成分分析需要用新的意义对主成分进行合理的解释。主成分的属性由多个原有变量共同决定，是各个不同大小正负变量的线性组合，其中系数绝对值越大的变量，对主成分属性的作用越大，通常认为主成分是多个变量的综合。在新媒体产品创新的组织因素中，$Y_1$代表管理—资源，$Y_2$代表管理—培育，$Y_3$代表客户反馈—研发，$Y_4$代表管理—内部交流，$Y_5$代表一线营销，$Y_6$代表激励机制，它们的属性对新媒体产品创新的组织因素的影响占主导地位。

　　在新媒体产品创新体系的组织影响因素分析的过程中，我们可以通过特征根及解释的总方差表，看出6个影响因素的强弱程度。资源因素，包括以物质资源和人力资源为代表的创新实力，以及对创新人才的培养和创新团队的管理，它在新媒体产品创新体系的组织影响因素中尤其重要，如图5-3所示：

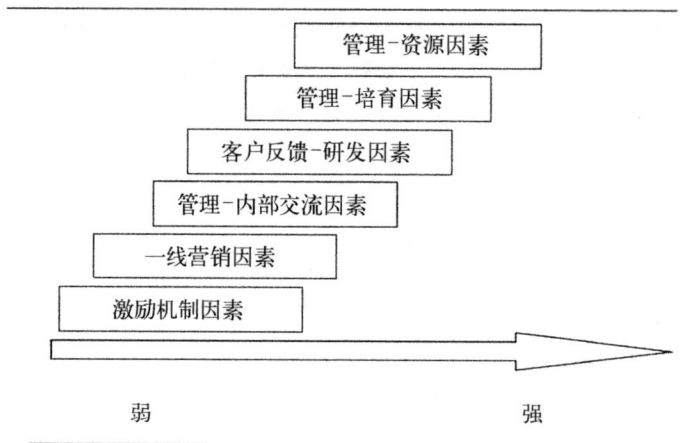

图 5 - 3　新媒体产品创新体系的组织影响因素图

# 第四节　市 场 因 素

产品创新以现实或潜在的市场需求为出发点，以技术应用为支撑，明确市场与企业优势的"交集"，开发出具有竞争力的产品，满足市场需求，激活潜在市场，实现产品价值，获得利润。

本节将新媒体产品创新的市场因素概括为三大方面：① 市场营销因素——进入市场的速度快 $X_4$，积极的市场推广和销售 $X_5$，在技术和市场之间找到结合点 $X_2$，对竞争对手信息的掌握和应对能力 $X_6$；② 市场需求因素——对顾客需求的分析与识别能力 $X_1$；③ 市场策略因素——清晰准确的市场战略 $X_3$。

如表 5 - 17 所示，本节分析 KMO 数值为 0.719，大于 0.5，适合进行因子分析。根据表中 Bartelett 球形检验的结果，近似卡方值为 915.257，自由度为 15，检验的显著性概率小于 1，值为 0，表示相关阵是单位阵，各变量相互独立，相关矩阵间有共同因素存在。

由于只有 1 个公共因子的特征根大于 1，累计方差贡献率为 50.589%，不能全面反映所有信息，因此把累计贡献率设置为 70%，选入 3 个公共因子，其累计方差贡献率为 78.72%（见表 5 - 18）。

表 5 - 17　KMO 和 Bartlett 的检验

| 取样足够度的 Kaiser-Meyer-Olkin 度量 | | 0.719 |
|---|---|---|
| Bartlett 的球形度检验 | 近似卡方 | 915.257 |
| | df | 15 |
| | Sig. | 0.000 |

表 5 - 18　解释的总方差

| 成分 | 初始特征值 | | | 提取平方和载入 | | | 旋转平方和载入 | | |
|---|---|---|---|---|---|---|---|---|---|
| | 合计 | 方差的% | 累积% | 合计 | 方差的% | 累积% | 合计 | 方差的% | 累积% |
| 1 | 3.035 | 50.589 | 50.589 | 3.035 | 50.589 | 50.589 | 2.523 | 42.043 | 42.043 |
| 2 | 0.947 | 15.789 | 66.378 | 0.947 | 15.789 | 66.378 | 1.166 | 19.428 | 61.470 |
| 3 | 0.740 | 12.342 | 78.720 | 0.740 | 12.342 | 78.720 | 1.035 | 17.249 | 78.720 |
| 4 | 0.582 | 9.707 | 88.427 | | | | | | |
| 5 | 0.484 | 8.071 | 96.498 | | | | | | |
| 6 | 0.210 | 3.502 | 100.000 | | | | | | |

表 5 - 19　旋转成分矩阵[a]

| | 成分 X | | |
|---|---|---|---|
| | 1 | 2 | 3 |
| 对顾客需求的分析与识别能力 | 0.218 | 0.939 | 0.011 |
| 在技术和市场之间找到结合点 | 0.774 | 0.278 | 0.020 |
| 清晰准确的市场战略 | 0.120 | 0.023 | 0.985 |
| 进入市场的速度快 | 0.870 | −0.030 | 0.039 |
| 积极的市场推广和销售 | 0.804 | 0.246 | 0.173 |
| 对竞争对手信息的掌握和应对能力 | 0.677 | 0.380 | 0.180 |

提取方法：主成分。
旋转法：具有 Kaiser 标准化的正交旋转法。
a. 旋转在 3 次迭代后收敛。

根据表 5 - 19 的旋转成分矩阵，主成分分析表达如下：

$$Y_1 = 0.218X_1 + 0.774X_2 + 0.120X_3 + 0.870X_4 +$$
$$0.804X_5 + 0.677X_6Y_1$$

第一主成分 $Y_1$ 由进入市场的速度快 $X_4$，积极的市场推广和销售 $X_5$，在技术和市场之间找到结合点 $X_2$ 3个因素确定，这3个因素的变量系数是变量 $Y_1$ 的综合反映。说明市场营销在新媒体产品创新中的重要作用。

$$Y_2 = 0.939X_1 + 0.278X_2 + 0.023X_3 -$$
$$0.030X_4 + 0.246X_5 + 0.380X_6$$

第二主成分 $Y_2$ 由对顾客需求的分析与识别能力 $X_1$，对竞争对手信息的掌握和应对能力 $X_6$ 确定，这两个因素的变量系数是变量 $Y_2$ 的综合反映。说明对市场需求的精准把握是新媒体产品创新中至关重要的因素。

$$Y_3 = 0.011X_1 + 0.020X_2 + 0.985X_3 -$$
$$0.039X_4 + 0.173X_5 + 0.180X_6$$

第三主成分 $Y_3$ 由清晰准确的市场战略 $X_3$ 这个因素确定，这个因素的变量系数是变量 $Y_3$ 的综合反映。说明准确的市场战略对新媒体产品创新具有重要的全局性指导意义。

通过研究分析得出的3个主成分方程式，能够反映在新媒体产品创新中的市场影响因素的内部构成情况，市场营销因素、市场需求因素、市场策略因素能代表新媒体产品创新的市场影响因素，表5-20能够描述市场影响因素的内部关系。

表5-20　新媒体产品创新的市场影响因素分析表

| 因子名称 | 指标层 $X$ | 因素1 | 因素2 | 因素3 |
|---|---|---|---|---|
| 市场营销因素 | 进入市场的速度快 $X_4$ | 0.870 | | |
| | 积极的市场推广和销售 $X_5$ | 0.804 | | |
| | 在技术和市场之间找到结合点 $X_2$ | 0.774 | | |
| | 对竞争对手信息的掌握和应对能力 $X_6$ | 0.677 | | |
| 市场需求因素 | 对顾客需求的分析与识别能力 $X_1$ | | 0.939 | |
| 市场策略因素 | 清晰准确的市场战略 $X_3$ | | | 0.985 |

同时，在新媒体产品创新的市场影响因素分析的过程中，我们可以通过特征根及解释的总方差表看出 3 个影响因素的强弱程度，如图 5 - 4 所示。

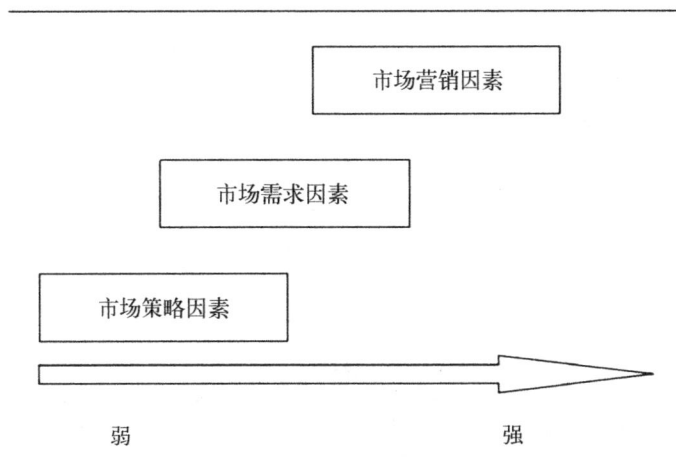

图 5 - 4　新媒体产品创新的市场影响因素的重要性程度

主成分分析需要用新的意义对主成分进行合理的解释。主成分的属性由多个原有变量共同决定，是各个不同大小正负变量的线性组合，其中系数绝对值越大的变量，对主成分属性的作用越大，通常认为主成分是多个变量的综合。在新媒体产品创新的市场因素中，$Y_1$ 代表市场营销，$Y_2$ 代表市场需求，$Y_3$ 市场策略，它们的属性对新媒体产品创新的市场因素的影响占主导地位。

## 第五节　经济技术环境因素

本节将新媒体产品创新的经济技术环境因素概括为两大方面：① 技术发展的潮流 $X_1$，政治和法律法规的影响 $X_2$，社会整体经济形势 $X_3$。② 企业创新文化和氛围 $X_4$，企业创新政策和环境 $X_5$。

如表 5 - 21 所示，本节分析 KMO 数值为 0.798，大于 0.5，适合进行因子分析。Bartlett 的球形度检验值为 0，小于 1，近似卡方值为 1 307.496，自由度 10，检验的显著性概率为 0，表示相关阵是单位阵，各变量相互独立，相关矩阵间存在共同因素，也说明适合进行因子分析。

**表 5-21　KMO 和 Bartlett 的检验**

| 取样足够度的 Kaiser-Meyer-Olkin 度量 | | 0.798 |
|---|---|---|
| Bartlett 的球形度检验 | 近似卡方 | 1 307.496 |
| | df | 10 |
| | Sig. | 0.000 |

选入两个公共因子，其累计方差贡献率为 81.726%（见表 5-22），能比较全面地反映所有信息。

**表 5-22　解释的总方差**

| 成分 | 初始特征值 | | | 提取平方和载入 | | | 旋转平方和载入 | | |
|---|---|---|---|---|---|---|---|---|---|
| | 合计 | 方差的% | 累积% | 合计 | 方差的% | 累积% | 合计 | 方差的% | 累积% |
| 1 | 3.398 | 67.950 | 67.950 | 3.398 | 67.950 | 67.950 | 2.103 | 42.063 | 42.063 |
| 2 | 0.689 | 13.775 | 81.726 | 0.689 | 13.775 | 81.726 | 1.983 | 39.663 | 81.726 |
| 3 | 0.464 | 9.273 | 90.999 | | | | | | |
| 4 | 0.270 | 5.398 | 96.397 | | | | | | |
| 5 | 0.180 | 3.603 | 100.000 | | | | | | |

**表 5-23　旋转成分矩阵[a]**

| | 成分 | |
|---|---|---|
| | 1 | 2 |
| 技术发展的潮流 | 0.239 | 0.833 |
| 政治和法律法规的影响 | 0.619 | 0.649 |
| 社会整体经济形势 | 0.282 | 0.827 |
| 企业创新文化和氛围 | 0.929 | 0.226 |
| 企业创新政策和环境 | 0.848 | 0.364 |

提取方法：主成分。
旋转法：具有 Kaiser 标准化的正交旋转法。
a. 旋转在 3 次迭代后收敛。

　　根据表 5-23 中的旋转成分矩阵，主成分分析表达如下：

$$Y_1 = 0.239X_1 + 0.619X_2 + 0.282X_3 +$$
$$0.929X_4 + 0.848X_5$$

　　第一主成分 $Y_1$ 由企业创新文化和氛围 $X_4$、企业创新政策和环境 $X_5$ 这两个因素确定，这两个因素的变量系数是变量 $Y_1$ 的综合反映，说明企业内部的政策环境和创新文化氛围在新媒体产品创新中起重要作用。

$$Y_2 = 0.833X_1 + 0.649X_2 + 0.827X_3 +$$
$$0.226X_4 + 0.364X_5$$

　　第二主成分 $Y_2$ 由技术发展的潮流 $X_1$、社会整体经济形势 $X_3$、政治和法律法规的影响 $X_2$ 确定，这 3 个因素的变量系数是变量 $Y_2$ 的综合反映，说明企业外部技术和经济政治环境对新媒体产品创新至关重要。

　　由以上分析得到的 2 个主成分方程式，可以识别出新媒体产品创新的经济技术环境因素，包括环境政策文化因素和经济技术水平因素这两个重要因素，表 5-24 清晰地呈现了这两个主成分。

　　在新媒体产品创新的经济技术环境因素中，$Y_1$ 代表环境政策文化，$Y_2$ 代表经济技术水平，它们的属性对新媒体产品创新的经济技术环境因素的影响占主导地位。

表 5-24　新媒体产品创新的经济技术环境因素表

| 因子名称 | 指标层 $X$ | 因素 1 | 因素 2 |
|---|---|---|---|
| 环境政策文化 | 企业创新文化和氛围 $X_4$ | 0.929 | |
| | 企业创新政策和环境 $X_5$ | 0.848 | |
| 经济技术水平 | 技术发展的潮流 $X_1$ | | 0.833 |
| | 社会整体经济形势 $X_3$ | | 0.827 |
| | 政治和法律法规的影响 $X_2$ | | 0.649 |

　　在新媒体产品创新的经济技术环境影响因素分析的过程中，我们可以

通过特征根及解释的总方差表看出两个影响因素的强弱程度，如图 5 - 5
所示：

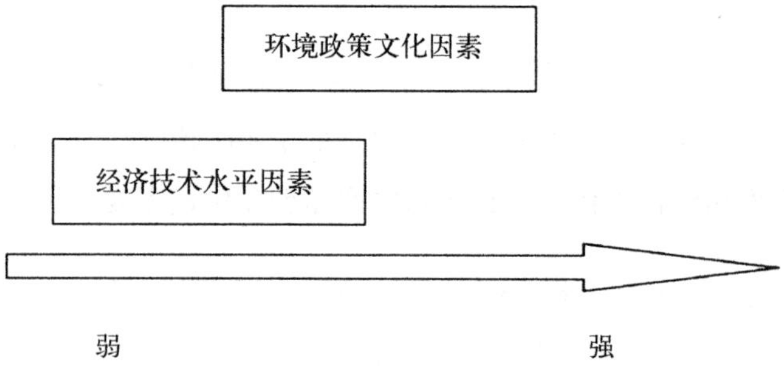

图 5 - 5  新媒体产品创新的经济技术环境因素的重要程度

# 第六章

# 新媒体产品创新的
# 评估体系构建

根据前面章节的分析研究，我们对新媒体产品创新的各影响因素情况有了充分了解。对于上文提出的期待新媒体产品创新的评估体系能解决的4个问题：① 产品是否具备创新性；② 企业组织是否具备产品创新可能；③ 新产品获得市场认可的可能；④ 社会政治经济环境和技术水平是否有利于新媒体产品创新，笔者将在本章通过新媒体产品创新的评估体系构建作出解答。

建立了问题的层次结构模型后，要计算权重并进行一致性检验。

## 第一节　运用层次分析法确定指标权重

运用层次分析法确定指标权重的前提是建立所研究问题的层次结构模型，基于此构造两两比较判断矩阵，并计算矩阵的权向量，然后进行一致性检验，最后计算组合权向量，并进行组合一致性检验，由此确定指标权重。

本研究中的层次结构模型，已经在因子分析中建立完善，新媒体产品创新的评估指标体系主要有4个部分构成：产品因素、管理因素、市场因素和经济环境技术因素。

## 一、建立指标的评分标准和两两比较判断矩阵

层次结构分析法能对各因素之间的关系进行解释和分析，各个因素绝对值的大小不一，正负不同，对主成分属性的影响作用也不一样，并且它们对评估指标体系目标的作用大小也不一样，是多个变量的综合。本研究中引用萨蒂（Saaty）[①] 等人通过实验得出的 1～9 标度，表 6-1 是标度的具体含义说明。

表 6-1　判断矩阵标度与其含义

| 标　　度 | 含　　义 |
|---|---|
| 1 | 两因素相比，具有相同的重要性 |
| 3 | 两因素相比，前者稍重要于后者 |
| 5 | 两因素相比，前者明显重要于后者 |
| 7 | 两因素相比，前者强烈重要于后者 |
| 9 | 两因素相比，前者极度重要于后者 |
| 2，4，6，8 | 以上每两个相邻判断间的值 |
| 当两因素后者与前者相比时 | 因素 $y_m$ 与因素 $y_n$ 比较的判断为 $a_{imn}$，因素 $y_n$ 与因素 $y_m$ 比较的判断为 $a_{mn}=1/a_{mn}$ |

## 二、一致性检验

一致性检验是层次分析法中确定指标权重的关键一步。在对判断矩阵进行一致性检验时，如果有 $n$ 个指标需要进行比较，则须对任意一个判断矩阵 A 进行规律设定：最大特征根 $\lambda_{max}=n$，表示矩阵保持完全一致；$\lambda_{max} \neq n$，表示矩阵保持不完全一致。由此得出一致性检验指标：

$$CI = (\lambda_{max} - n)/(n-1)$$

由以上规律可知，$CI=0$ 时，表示判断矩阵完全保持一致；$CI>0$ 时，

---

[①]　来源于维基百科。

表示矩阵不完全保持一致。

在进行这个部分的检验时，需要使用矩阵的平均一致性指标作为标准参考值，通常 $RI$ 值见表 6 - 2：

表 6 - 2　RI 值

| $n$ | 1 | 2 | 3 | 4 | 5 | 6 | 7 | 8 | 9 | 10 |
|-----|---|---|---|---|---|---|---|---|---|----|
| $RI$ | 0.00 | 0.00 | 0.58 | 0.91 | 1.12 | 1.24 | 1.32 | 1.41 | 1.45 | 1.53 |

通过构建的两两比较判断矩阵进行层次结构分析时，需要将分析的本层次指标与上一层指标进行对比，构建两两比较的判断分数表，供专家对指标打分时使用。

各个专家对该领域专业知识的认识深度和对所评价主题的熟悉程度不同，因此，选择在新媒体创新行业的业界学者和行业专家来评分，结果会更为权威可信。本研究将专家评分的平均结果得分表转化为比较判断矩阵，依次构建比较判断矩阵 $A_1$，$A_2$，$A_3$……$A_{20}$。因为计算过程相同，所以本书只演示一级指标的一致性检验过程。

新媒体产品创新体系的 4 个一级指标两两比较的判断表如表 6 - 3 所示。

表 6 - 3　新媒体产品创新体系一级指标的比较判断得分

| 新媒体产品创新体系 A | 产品因素 B1 | 组织因素 B2 | 市场因素 B3 | 经济技术环境因素 B4 |
|-----|-----|-----|-----|-----|
| 产品因素 B1 | 1 | 1/3 | 1/5 | 1/2 |
| 组织因素 B2 | 3 | 1 | 1/3 | 3/2 |
| 市场因素 B3 | 5 | 3 | 1 | 3 |
| 环境技术因素 B4 | 2 | 2/3 | 1/3 | 1 |

转化得到的比较判断矩阵为

$$A_1 = \begin{bmatrix} 1 & \dfrac{1}{3} & \dfrac{1}{5} & \dfrac{1}{2} \\ 3 & 1 & \dfrac{1}{3} & \dfrac{3}{2} \\ 5 & 3 & 1 & 3 \\ 2 & \dfrac{2}{3} & \dfrac{1}{3} & 1 \end{bmatrix}$$

以上判断矩阵的一致性程度需要通过计算进行检验。本研究采用 MATLAB 7.0 进行运算，将各个比较判断矩阵输入可得计算结果。根据 MATLAB 7.0 运算得出每个矩阵的特征根和特征向量，并由此用得到的最大特征根检验比较判断矩阵的一致性。

**1. 一级指标判断矩阵的一致性检验**

计算过程为

$$A_1 = [1, 0.33, 0.2, 0.5; 3, 1, 0.33, 1.5; 5, 3, 1, 3; 2, 0.67, 0.33, 1]; [V, G] = \text{eig}(A)$$

计算得：

比较判断矩阵 $A_1$ 的特征向量 $V_{Ai}$，

$V_{Ai} =$

| | | | |
|---|---|---|---|
| −0.143 4 | 0.331 1 | −0.053 8−0.109 0i | −0.053 8+0.109 0i |
| −0.372 4 | 0.329 6 | −0.128 4+0.339 1i | −0.128 4−0.339 1i |
| −0.875 5 | 0.007 8 | 0.918 4 | 0.918 4 |
| −0.272 5 | −0.884 1 | −0.092 2−0.043 0i | −0.092 2+0.043 0i |

比较判断矩阵 $A_1$ 的特征值 $G_{Ai}$，

$G_{Ai} =$

| | | | |
|---|---|---|---|
| 4.0 285 | 0 | 0 | 0 |
| 0 | −0.001 8 | 0 | 0 |
| 0 | 0 | −0.013 4+0.373 6i | 0 |
| 0 | 0 | 0 | −0.013 4−0.373 6i |

可知，$\lambda_{\max} = 4.028\,5$，

$$CI = (\lambda_{\max} - n)/(n - i) = (4.028\,5 - 4)/(4 - 1) = 0.009\,5$$

$$CR = \frac{CI}{RI} = \frac{0.009\,5}{0.91} = 0.010\,439\,56 < 0.10,$$

即得出比较判断矩阵 $A_1$ 具有的一致性程度较高。

MATLAB 7.0 运算得出的计算结果显示，一级指标的检验结果都是 $CR < 0.10$，具有的一致性程度较高。其他二级指标和三级指标得分的一致性检验过程和上文相同，因此不再赘述。

2. 总排序的一致性检验

前面的计算过程是检验相邻的指标层次之间的一致性。本研究建立的层次结构模型是较为复杂的多层次结构，在检验时需要对所有次级层次的因素对于总目标重要性得分的一致性进行计算，从而完成对总的指标体系的一致性检验。

将各层次的一致性检验得到的一致性数据，代入总排序一致性比例公式计算。

总排序一致性比例为

$$CR = \frac{\sum_{i=3}^{20} a_{Ai} CI_{Ai}}{\sum_{i=3}^{20} a_{Ai} RI_{Ai}} = 0.001\,311\,7 < 0.10$$

由以上计算结果可知，本研究的层次总排序结果通过了一致性检验，邀请的所有新媒体创新专家对新媒体产品创新评估体系的整体结构模型指标的打分具有较高的一致性。

各个比较判断矩阵的最大特征根 $\lambda_{max}$ 对应的特征向量为

$$\tilde{\boldsymbol{\omega}} = [\bar{\omega}_1, \quad \bar{\omega}_2, \quad \bar{\omega}_3, \quad \cdots, \quad \bar{\omega}n]^T$$

$$\boldsymbol{\omega} = \frac{\bar{\omega}i}{\sum_{i=1}^{n} \bar{\omega}_i} (i = 1, \quad 2, \quad \cdots, \quad n)$$

将上面公式归一化后，即得各个指标对应的权重。

二级指标的总权重＝二级指标的当层次权重
＊所从属一级指标权重

其他各层次指标权重的计算过程相同，此处不再赘述。

## 第二节　确立指标体系

综合以上分析，新媒体产品创新的评估指标体系的一级指标和二级指标的权重和分值通过计算得出，具体如表6-4和表6-5所示。

表6-4　新媒体产品创新体系评估一级指标表

| 序号 | 一级指标 | 指　标　解　释 | 权重 | 分值 |
|---|---|---|---|---|
| 1 | 产品因素 $B_1$ | 主要评价产品是否给用户带来新体验和新价值，由专家进行评定 | 0.1 | 10 |
| 2 | 组织因素 $B_2$ | 主要评价组织是否健全、分工是否明确、责任是否落实，由专家进行评定 | 0.27 | 27 |
| 3 | 市场因素 $B_3$ | 主要评价产品能否迅速进入市场、对市场竞争和需求与技术结合的市场战略是否清晰，由专家进行评定 | 0.45 | 45 |
| 4 | 经济技术环境因素 $B_4$ | 主要评价经济技术环境是否对产品创新具有支持和促进作用，由专家进行评定 | 0.18 | 18 |

表6-5　新媒体产品创新体系评估二级指标表

| 序号 | 二级指标 | 指标解释及分值 | 权重 | 分值 |
|---|---|---|---|---|
| 1 | 产品创新的体现 $C_1$ | 新概念（0.8）、新商业模式（0.7）、新技术（0.6）、新锐设计（0.4） | 0.25 | 2.5 |
| 2 | 产品创新的方向 $C_2$ | 注重用户参与产品研发（0.5）摈弃大而全，细分核心功能（0.7）注重社交互动的人性简约的个性服务（0.8） | 0.2 | 2 |
| 3 | 成功新产品的评价标准 $C_3$ | 优势功能组合，做服务平台入口（0.25）满足用户基本需求，降低使用成本（0.45）创造前所未有的全新的需求（0.3）用互联网思维技术改造传统行业（0.2） | 0.12 | 1.2 |
| 4 | 产品市场与未来趋势 $C_4$ | 产出投入比高（0.3）、用户流量活跃指数高（0.4）、能迅速占领市场获得高收益（0.55）、产品代表未来发展趋势（0.45） | 0.17 | 1.7 |

续表

| 序号 | 二级指标 | 指标解释及分值 | 权重 | 分值 |
|---|---|---|---|---|
| 5 | 产品创新方式 $C_5$ | 现有产品的改良（0.15）、模仿已有产品并改进（0.25）、创造前所未有的全新产品（0.07）、已有功能的重新组合（0.13） | 0.06 | 0.6 |
| 6 | 产品市场定位与用户体验 $C_6$ | 产品市场定位新（1.3）、产品用户体验新（0.7） | 0.2 | 2 |
| 7 | 管理—资源因素 $D_1$ | 充足的创新资源（1.7）、创新团队的建设和协作（1.2）、跨部门的创新合作（1.3）、科学的创新流程和审核机制（1.7）、对创新贡献的重点奖励（1.1） | 0.26 | 7 |
| 8 | 管理—培育因素 $D_2$ | 运转良好的创新研发部门（1.8）、宽松自由的工作环境（1.4）、成熟完善的员工培训体系（1）、积极的鼓励和扶持政策（0.8） | 0.19 | 5 |
| 9 | 客户反馈—研发因素 $D_3$ | 客户或粉丝用户反馈（1.5）、基层和中层领导（0.8）、创新研发部门（0.7）、高层领导（0.5） | 0.12 | 3.5 |
| 10 | 管理—内部交流因素 $D_4$ | 高层的高度重视和推进（1）员工之间分享信息、经验和技术（0.6） | 0.06 | 1.6 |
| 11 | 一线营销因素 $D_5$ | 与用户深度互动的一线营销运营（4.9） | 0.18 | 4.9 |
| 12 | 激励机制因素 $D_6$ | 有效的激励和奖赏机制（5） | 0.19 | 5 |
| 13 | 市场竞争 $E_1$ | 进入市场的速度快（7）、积极的市场推广和销售（6）、在技术和市场之间找到结合点（5.5）、对竞争对手信息的掌握和应对能力（3.5） | 0.5 | 22 |
| 14 | 市场需求 $E_2$ | 对顾客需求的分析与识别能力（14） | 0.3 | 14 |
| 15 | 市场策略 $E_3$ | 清晰准确的市场战略（9） | 0.2 | 9 |
| 16 | 环境政策文化 $F_1$ | 企业创新文化和氛围（3）企业创新政策和环境（2） | 0.3 | 5 |
| 17 | 经济技术水平 $F_2$ | 技术发展的潮流（5.5）社会整体经济形势（4.5）政治和法律法规的影响（3） | 0.7 | 13 |

通过以上分析可以知道，新媒体产品创新作为整个指标评估体系的总目标，由 4 个部分构成：产品因素、组织因素、市场因素和经济技术环境因素。每个部分又各自包含若干因素。它们共同组成的两个层次的复合评估指标体系，构建出了新媒体产品创新的评估指标体系。架构图如图 6-1 所示。

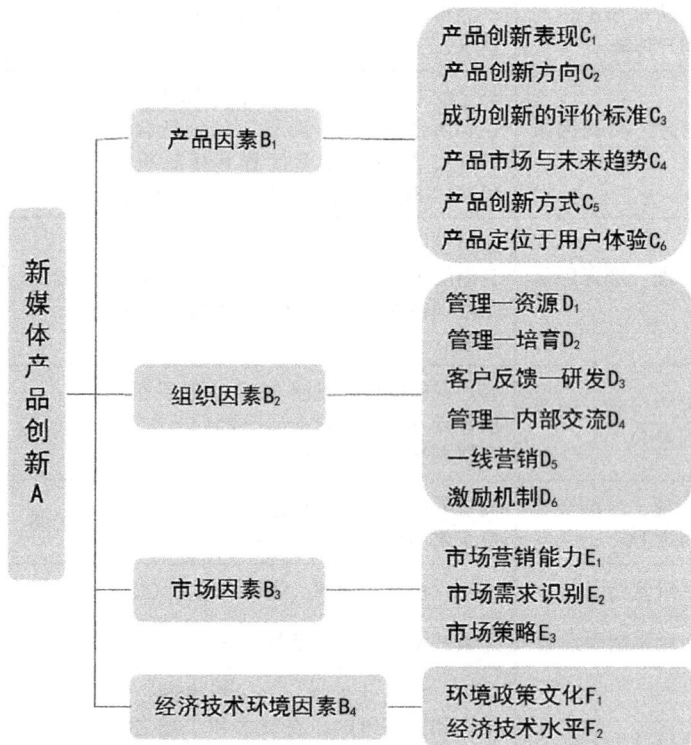

图 6-1   新媒体产品创新的评估指标体系架构图

# 第七章

# 东道网络科技公司新媒体
# 产品创新评估体系研究

本章将对前文研究所构建的新媒体产品创新的评估指标体系的科学性和实用性进行验证性研究，通过对比筛选，选取了一家位于上海的中等规模的新媒体公司——东道网络科技有限公司进行研究。

东道网络科技有限公司是一家运营企业即时通信平台的新媒体公司，成立于 2007 年，总部位于上海市静安区市北高新科技园，公司现有员工 369 人，其中研发人员 128 人。公司管理运营企业即时通信平台，包括对平台的在线支持、故障处理和提供客户服务等，对企业即时通信产品进行持续研发，提供在线升级等。

## 第一节　公司概况

### 一、东道网络科技有限公司主要客户

东道公司在国内的主要客户包括：南京市公安局、和记黄埔、EMS、罗莱家纺、钻石小鸟、驴妈妈、Aimer，海通证券、三峡集团、乐视影业、Kose、恒大地产等，涵盖党政机关、IT 互联网、金融证券、家具地产、医药医疗、快递物流、服装服饰等各行各业。

## 二、东道网络科技有限公司产品及特征

东道公司专注于"企业社交"的概念，具有以下四大特征：

（1）以项目/任务为纽带，系统地、有组织地互动，在社交过程中推进、完成任务；

（2）邮件、IM、OA、CRM、ERP……所有企业相关信息的互联互通；

（3）不仅在企业内部形成以任务为目标的沟通协同，更重要的是连接企业内部和外部以及企业与企业之间的服务，建设企业社交生态链；

（4）跨屏、跨平台、移动、随时随地的超前体验。

因此东道公司拥有全新一代基于移动社交化的沟通协同工作平台。致力于高效连接企业内部，企业内部与企业外部，企业与企业之间的服务。以项目/任务为纽带的种种协同——目标、角色、互动讨论、提醒、共享、日程、会议、责任……不再是过去彼此孤立的信息流，而呈现出与主题有机统一的企业 SoLoMo（Social＋Local＋Mobile）形态，能有效提升企业竞争力和执行力。

迭代思维是东道公司研发部门的产品创新黄金法则，迭代思维与"微创新"和"敏捷开发"密切相关。"微创新"是指不要颠覆式创新，而是在用户习惯的基础上做少数创新，让用户逐步接受。"敏捷开发"是指要不断试错，小步快跑。

平台思维的关键是要打造生态体系，让生态体系中的每个人都赚到钱，自己也就自然赚到钱了。互联网和新科技的发展使得产业融合，很多产业的边界变得模糊，新的"打劫者"不断涌出。互联网企业的跨界颠覆，本质是高效率整合低效率。而互联网对传统行业的跨界"打劫"，实质上是瓦解传统行业的各类复杂代理体系。用互联网思维改造传统的企业服务，把其他的企业服务聚拢在自己的平台中，而自己则成为流量分发的入口。

### 三、东道网络科技有限公司产品创新管理

东道公司十分注重公司产品的研发创新，公司的创新氛围十分浓厚，研发人员定期进行头脑风暴，和其他部门同事、一线客服、管理层等进行沟通和交流，每位员工都会不断提出新的产品创新创意。企业设立有产品创新实验室，每年有一定的创新经费，大概占到企业总支出的 3％～5％，这部分支出的作用在于保持研发团队技术的领先性。创新实验室的宗旨是要赶超国际同行业先进水平，不断学习和获取新的信息。创新实验室的产品创新来源主要有两个方面：

（1）公司内部员工。创新实验室有 150 人左右的固定研发人员，还有一部分研发工作人员并不一定是创新实验室的全职人员，而是其他部门对创新有强烈兴趣和意愿，用工作之余的时间进行创新实验的人员。当某位其他部门的员工提出创新申请并通过相关管理层审批通过后，公司给该员工配备一定的时间、物力和人力支持，并根据创新流程定期考核和审查产品创新进程。该新产品研发项目的负责人即为产品经理，享有在该产品进入市场后按照利润分成的权益，并对创新团队的成员有任免建议权。创新实验室本质上相当于一个产品创新孵化器。

（2）一线营销运营部门和用户。东道公司有超过 1/3 的员工是市场营销服务人员，这些员工的日常工作内容是维护服务平台，听取客户反馈意见，并将这些信息第一时间提交给研发部，这有助于公司及时解决问题，不断提升产品服务质量。因此微创新每天有，小创新每月有，大创新年年有。客户的反馈，是微创新最主要的来源。微创新的积累，就是产品发生本质改变的酝酿过程。

## 第二节　东道网络科技有限公司产品<br>创新评估体系的专家打分

通过对东道网络科技有限公司的产品创新情况的了解，我们邀请 5 位

专家对东道公司新媒体产品创新体系的评估指标进行打分,各专家打分分值及平均值如表 7 - 1 所示。

表 7 - 1　东道公司产品创新评估专家评分及平均分值表

| 序号 | 二级指标 | 权重 | 分值 | 专家1 | 专家2 | 专家3 | 专家4 | 专家5 | 平均分值 |
|---|---|---|---|---|---|---|---|---|---|
| 1 | 产品创新体现 $C_1$ | 0.25 | 2.5 | 2.3 | 2.45 | 2.12 | 2.24 | 2.33 | 2.29 |
| 2 | 产品创新方向 $C_2$ | 0.2 | 2 | 1.8 | 1.76 | 1.67 | 1.81 | 1.7 | 1.75 |
| 3 | 成功新产品的评价标准 $C_3$ | 0.12 | 1.2 | 1.15 | 1 | 1.16 | 1.1 | 0.9 | 1.06 |
| 4 | 产品市场与未来趋势 $C_4$ | 0.17 | 1.7 | 1.56 | 1.5 | 1.6 | 1.67 | 1.55 | 1.58 |
| 5 | 产品创新方式 $C_5$ | 0.06 | 0.6 | 0.48 | 0.52 | 0.4 | 0.5 | 0.55 | 0.49 |
| 6 | 产品市场定位与用户体验 $C_6$ | 0.2 | 2 | 1.3 | 1.3 | 1.33 | 1.5 | 1.4 | 1.37 |
| 7 | 管理—资源因素 $D_1$ | 0.26 | 7 | 6.5 | 6.25 | 6.7 | 6.6 | 6 | 6.41 |
| 8 | 管理—培育因素 $D_2$ | 0.19 | 5 | 4.7 | 3.8 | 4 | 4.5 | 4.74 | 4.35 |
| 9 | 客户反馈—研发因素 $D_3$ | 0.12 | 3.5 | 3 | 3.5 | 3.4 | 3 | 3.4 | 3.26 |
| 10 | 管理—内部交流因素 $D_4$ | 0.06 | 1.6 | 1.5 | 1.45 | 1.6 | 1.2 | 1.44 | 1.44 |
| 11 | 一线营销因素 $D_5$ | 0.18 | 4.9 | 4.33 | 4 | 4.2 | 4.5 | 4.81 | 4.37 |
| 12 | 激励机制因素 $D_6$ | 0.19 | 5 | 4.9 | 5 | 5 | 4.6 | 4.7 | 4.84 |
| 13 | 市场竞争 $E_1$ | 0.5 | 22 | 20.69 | 17.57 | 21.8 | 19 | 21.33 | 20.08 |
| 14 | 市场需求 $E_2$ | 0.3 | 14 | 12 | 13 | 13 | 12.6 | 14 | 12.92 |
| 15 | 市场策略 $E_3$ | 0.2 | 9 | 8 | 7.8 | 9 | 8 | 7.23 | 8.01 |
| 16 | 环境政策文化 $F_1$ | 0.3 | 5 | 4 | 4.5 | 4.3 | 3.6 | 4 | 4.08 |
| 17 | 经济技术水平 $F_2$ | 0.7 | 13 | 11 | 10 | 12.7 | 12 | 12.2 | 11.58 |

# 第三节　专家打分的偏差分析及
指标得分的信度检验

产品创新评估指标体系的评估过程，建立在评估专家打分的基础上。每位专家的心理状态、专业知识、思维方式、研究经验，以及对评估标准的理解方法和程度等都不同，当面对同一个研究对象，且要在同一时间对其进行同一个评估行为时，专家们由于本体的不同而导致的认识和判断的偏差必然会存在。因此在评估指标体系的层次分析法研究中，为了检验评估结果是否准确，能否反映客观真实的情况，需要分析所有专家的同一次打分行为带来的偏差结果。专家评分的信度检验分4个步骤：

第一，计算出五位专家对每个二级指标打分的平均值。

第二，计算出专家每一项打分的评分偏差（评分偏差＝专家打分－平均值）。

各个指标的专家评分偏差情况如表7-2所示。

表7-2　5位专家评分偏差和平均偏差表

| 序号 | 二级指标 | 专家1 | 专家2 | 专家3 | 专家4 | 专家5 | 偏差绝对值的平均值 |
|---|---|---|---|---|---|---|---|
| 1 | 产品创新体现 $C_1$ | 0.012 | 0.162 | -0.168 | -0.048 | 0.042 | 0.432 |
| 2 | 产品创新方向 $C_2$ | 0.052 | 0.012 | -0.078 | 0.062 | -0.048 | 0.252 |
| 3 | 成功新产品的评价标准 $C_3$ | 0.088 | -0.062 | 0.098 | 0.038 | -0.162 | 0.448 |
| 4 | 产品市场与未来趋势 $C_4$ | -0.016 | -0.076 | 0.024 | 0.094 | -0.026 | 0.236 |
| 5 | 产品创新方式 $C_5$ | -0.01 | 0.03 | -0.09 | 0.01 | 0.06 | 0.2 |
| 6 | 产品市场定位与用户体验 $C_6$ | -0.066 | -0.066 | -0.036 | 0.134 | 0.034 | 0.336 |

| 序号 | 二级指标 | 专家 1 | 专家 2 | 专家 3 | 专家 4 | 专家 5 | 偏差绝对值的平均值 |
|---|---|---|---|---|---|---|---|
| 7 | 管理—资源因素 $D_1$ | 0.09 | −0.16 | 0.29 | 0.19 | −0.41 | 1.14 |
| 8 | 管理—培育因素 $D_2$ | 0.352 | −0.548 | −0.348 | 0.152 | 0.392 | 1.792 |
| 9 | 客户反馈—研发因素 $D_3$ | −0.26 | 0.24 | 0.14 | −0.26 | 0.14 | 1.04 |
| 10 | 管理—内部交流因素 $D_4$ | 0.062 | 0.012 | 0.162 | −0.238 | 0.002 | 0.476 |
| 11 | 一线营销因素 $D_5$ | −0.038 | −0.368 | −0.168 | 0.132 | 0.442 | 1.148 |
| 12 | 激励机制因素 $D_6$ | 0.06 | 0.16 | 0.16 | −0.24 | −0.14 | 0.76 |
| 13 | 市场竞争 $E_1$ | 0.612 | −2.508 | 1.722 | −1.078 | 1.252 | 7.172 |
| 14 | 市场需求 $E_2$ | −0.92 | 0.08 | 0.08 | −0.32 | 1.08 | 2.48 |
| 15 | 市场策略 $E_3$ | −0.006 | −0.206 | 0.994 | −0.006 | −0.776 | 1.988 |
| 16 | 环境政策文化 $F_1$ | −0.08 | 0.42 | 0.22 | −0.48 | −0.08 | 1.28 |
| 17 | 经济技术水平 $F_2$ | −0.58 | −1.58 | 1.12 | 0.42 | 0.62 | 4.32 |

　　本研究运用 SPSS 计算得到的标准差分析结果如表 7-3 所示，5 位专家打分结果的偏差程度很小。用各位专家评分偏差的绝对值的平均值做对比发现，本研究构建的新媒体产品创新的评估指标体系中各指标评分偏差的平均值都小于相对应的标准差，这个检验结果表明专家打分能够作为评估依据。

表 7-3　二级指标偏差分析情况

| 二级指标 | N | Mean 均值 | 标准差 | 评分偏差平均值 |
|---|---|---|---|---|
| 产品创新体现 $C_1$ | 5 | 2.430 | 0.082 50 | 0.064 0 |
| 产品创新方向 $C_2$ | 5 | 1.890 | 0.080 60 | 0.064 0 |
| 成功新产品的评价标准 $C_3$ | 5 | 1.122 | 0.076 94 | 0.057 6 |

续表

| 二 级 指 标 | N | Mean 均值 | 标准差 | 评分偏差平均值 |
|---|---|---|---|---|
| 产品市场与未来趋势 $C_4$ | 5 | 1.598 | 0.070 85 | 0.054 4 |
| 产品创新方式 $C_5$ | 5 | 0.508 | 0.027 75 | 0.021 6 |
| 产品市场定位与用户体验 $C_6$ | 5 | 1.942 | 0.020 49 | 0.017 6 |
| 管理—资源因素 $D_1$ | 5 | 6.840 | 0.181 70 | 0.152 0 |
| 管理—培育因素 $D_2$ | 5 | 4.906 | 0.068 40 | 0.051 2 |
| 客户反馈—研发因素 $D_3$ | 5 | 3.358 | 0.203 27 | 0.143 2 |
| 管理—内部交流因素 $D_4$ | 5 | 1.578 | 0.022 80 | 0.018 4 |
| 一线营销因素 $D_5$ | 5 | 4.756 | 0.147 41 | 0.102 0 |
| 激励机制因素 $D_6$ | 5 | 4.780 | 0.192 40 | 0.144 0 |
| 市场竞争 $E_1$ | 5 | 21.660 | 0.313 00 | 0.248 0 |
| 市场需求 $E_2$ | 5 | 13.820 | 0.295 00 | 0.208 0 |
| 市场策略 $E_3$ | 5 | 8.832 | 0.128 72 | 0.102 4 |
| 环境政策文化 $F_1$ | 5 | 4.680 | 0.311 00 | 0.256 0 |
| 经济技术水平 $F_2$ | 5 | 12.680 | 0.415 00 | 0.304 0 |
| 有效的 N（列表状态） | 5 | | | |

第三，由前面分析得到专家评分偏差情况的数据，根据公式：评分偏差率＝评分偏差的绝对值/平均值，计算出 5 位专家对每一项指标打分的评分偏差率，从而得到专家对各个二级指标进行打分时的平均评分偏差率，公式为

平均评分偏差率 ＝ 各指标评分偏差率之和 ÷ 5

由计算可得 17 个二级指标的评分偏差率与平均评分偏差率情况，如表 7 - 4 所示。

表 7-4　各二级指标的评分偏差率与平均评分偏差率表

| 二 级 指 标 | 专家 1 | 专家 2 | 专家 3 | 专家 4 | 专家 5 | 平均评分偏差率 |
|---|---|---|---|---|---|---|
| 产品创新体现 $C_1$ | 0.01 | 0.07 | 0.07 | 0.02 | 0.02 | 0.04 |
| 产品创新方向 $C_2$ | 0.03 | 0.01 | 0.04 | 0.04 | 0.03 | 0.03 |
| 成功新产品的评价标准 $C_3$ | 0.08 | 0.06 | 0.09 | 0.04 | 0.15 | 0.08 |
| 产品市场与未来趋势 $C_4$ | 0.01 | 0.05 | 0.02 | 0.06 | 0.02 | 0.03 |
| 产品创新方式 $C_5$ | 0.02 | 0.06 | 0.18 | 0.02 | 0.12 | 0.08 |
| 产品市场定位与用户体验 $C_6$ | 0.05 | 0.05 | 0.03 | 0.10 | 0.02 | 0.05 |
| 管理—资源因素 $D_1$ | 0.01 | 0.02 | 0.05 | 0.03 | 0.06 | 0.04 |
| 管理—培育因素 $D_2$ | 0.08 | 0.13 | 0.08 | 0.03 | 0.09 | 0.08 |
| 客户反馈—研发因素 $D_3$ | 0.08 | 0.07 | 0.04 | 0.08 | 0.04 | 0.06 |
| 管理—内部交流因素 $D_4$ | 0.04 | 0.01 | 0.11 | 0.17 | 0.00 | 0.07 |
| 一线营销因素 $D_5$ | 0.01 | 0.08 | 0.04 | 0.03 | 0.10 | 0.05 |
| 激励机制因素 $D_6$ | 0.01 | 0.03 | 0.03 | 0.05 | 0.03 | 0.03 |
| 市场竞争 $E_1$ | 0.03 | 0.12 | 0.09 | 0.05 | 0.06 | 0.07 |
| 市场需求 $E_2$ | 0.07 | 0.01 | 0.01 | 0.02 | 0.08 | 0.04 |
| 市场策略 $E_3$ | 0.00 | 0.03 | 0.12 | 0.00 | 0.10 | 0.05 |
| 环境政策文化 $F_1$ | 0.02 | 0.10 | 0.05 | 0.12 | 0.02 | 0.06 |
| 经济技术水平 $F_2$ | 0.05 | 0.14 | 0.10 | 0.04 | 0.05 | 0.07 |

　　由以上结果可知，专家平均评分的偏差率都低于 10%。专家的个人偏好、同行偏好、惯性思维、学术权威等主观因素，都会影响指标的评分偏差。总体而言，能够根据专家打分进行科学评估。

　　第四，评估信度检验。定量研究的结论和数据的准确科学性之间有直接关系，本研究中，为了对评估专家评分结果做进一步检验，以保证评分的可靠性和一致性，需要进行信度检验。本研究的信度检测主要采用 Cronbach's $\alpha$ 信度系数法（见表 7-5）。信度测量中 $\alpha$ 值越大越好，说明专家打分的信度越高，越能反映研究目的。通过 SPSS 进行信度检验，结果显示专家打分的总的 Cronbach's $\alpha$ 为 0.753，介于 0.7 和 0.8 之间，说明专家打分信度较高。

表 7-5　专家打分信度检验表

| | 项已删除的 Cronbach's $\alpha$ 值 | Cronbach's $\alpha$ |
|---|---|---|
| 专家 1 | 0.751 | |
| 专家 2 | 0.753 | |
| 专家 3 | 0.755 | 0.753 |
| 专家 4 | 0.752 | |
| 专家 5 | 0.753 | |

## 第四节　东道网络科技有限公司产品创新评估检验结果

将 5 位评估专家的打分进行汇总，能够计算出此次评估的总得分，计算结果即为东道网络科技公司产品创新评估体系分数。计算方法为首先计算专家对所有二级指标打分的平均分，然后将各二级指标平均分值相加，得到产品创新评估体系总分，计算公式如下：

$$\begin{aligned}
评估总分 =\ & 2.29+1.75+1.06+1.58+0.49+1.37+6.41+ \\
& 4.35+3.26+1.44+4.37+4.84+20.08+ \\
& 12.92+8.01+4.08+11.58=89.86
\end{aligned}$$

因此，东道网络科技有限公司的产品创新评估体系得分为 89.86 分。

## 第五节　评估结果分析

东道网络科技有限公司产品创新评估指标体系中各个指标得分与专家

打分平均分相对比的情况如图 7-1 所示。

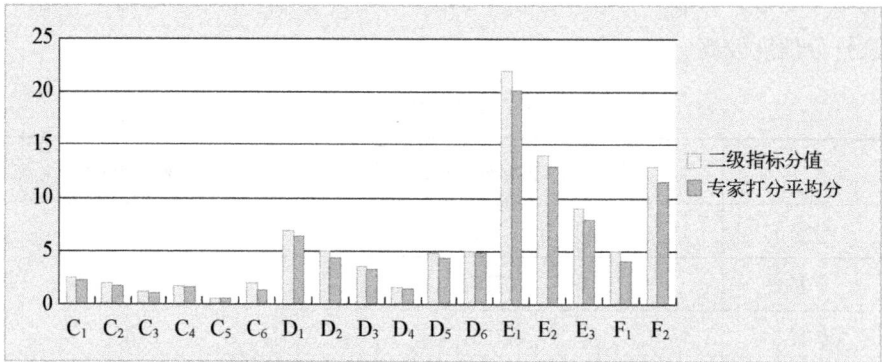

图 7-1　东道网络公司产品创新评估指标体系中各指标得分情况

表 7-6　各个二级指标得分占指标专家打分平均分的比重情况

| 一级指标 | 二级指标 | 二级指标分值 | 专家打分平均分 | 比　重 |
|---|---|---|---|---|
| 产品因素 | $C_1$ | 2.5 | 2.29 | 0.92 |
| | $C_2$ | 2 | 1.75 | 0.88 |
| | $C_3$ | 1.2 | 1.06 | 0.88 |
| | $C_4$ | 1.7 | 1.58 | 0.93 |
| | $C_5$ | 0.6 | 0.49 | 0.82 |
| | $C_6$ | 2 | 1.37 | 0.69 |
| 组织因素 | $D_1$ | 7 | 6.41 | 0.92 |
| | $D_2$ | 5 | 4.35 | 0.87 |
| | $D_3$ | 3.5 | 3.26 | 0.93 |
| | $D_4$ | 1.6 | 1.44 | 0.90 |
| | $D_5$ | 4.9 | 4.37 | 0.89 |
| | $D_6$ | 5 | 4.84 | 0.97 |
| 市场因素 | $E_1$ | 22 | 20.08 | 0.91 |
| | $E_2$ | 14 | 12.92 | 0.92 |
| | $E_3$ | 9 | 8.01 | 0.89 |

| 一级指标 | 二级指标 | 二级指标分值 | 专家打分平均分 | 比　重 |
|---|---|---|---|---|
| 经济技术环境因素 | $F_1$ | 5 | 4.08 | 0.82 |
| | $F_2$ | 13 | 11.58 | 0.89 |

从表 7-6 中可以看出，东道网络科技有限公司产品创新通过评估指标体系的验证，绝大部分二级指标得分的比重均在 80% 到 100% 之间，指标"激励机制因素 $D_6$"的比重为 97%，表明专家认为东道公司在创新的激励和奖励机制方面表现突出，企业创新氛围好，员工创新积极性高。指标"产品市场定位与用户体验 $C_6$"比重略低，仅为 69%，表明专家认为东道网络科技有限公司在产品市场定位与用户体验方面的工作一般，即产品研发过程中这一方面的表现不太突出，说明企业产品创新的定位还有待在市场上得到进一步验证，对用户体验的重视和反馈须再加强。总体评估结果表明东道网络科技有限公司是一个充满创新活力的新媒体公司。

## 第六节　新媒体产品创新的评估模型图构建

新媒体产品创新是一个系统工程，以上研究从新媒体产品入手，深入研究中国新媒体产品创新，根据产品因素、组织因素、市场因素和经济技术环境因素 4 个方面对新媒体产品创新的影响，建立新媒体产品创新的评估指标体系，并通过了验证研究，具有客观性、科学性和可实际操作性。

基于以上研究，对中国新媒体企业的产品创新进行模块化分析，主要对新媒体产品创新的 4 个一级指标、17 个二级指标进行研究计算，构建出具有实际可操作性的新媒体产品创新的评估指标体系，并基于分析研究建立新媒体产品创新的评估模型（见图 7-2）。

运用此模型对新媒体产品创新进行评估时，不同企业会有不同的权重

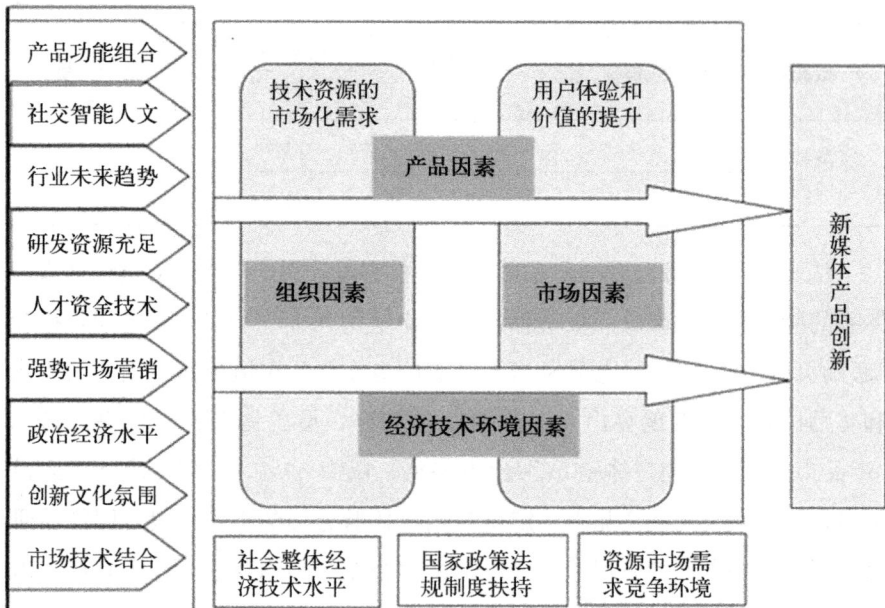

**图 7－2　新媒体产品创新的评估模型图**

设定和分值表现，可以根据企业发展战略和创新产品调性的差异性进行相应调整。当模型中有利于产品创新的因素越多，强影响因素的优势越明显，产品创新发生的概率就越大。

　　对于新媒体产品创新，既要关注产品创新项目本身的研发过程，更要关注影响产品研发的行业趋势、研发资源、人才资金技术、市场营销策略和创新氛围营造等多方面的影响。正是在产品因素、组织因素、市场因素和经济技术环境因素 4 个大模块的共同作用下，在社会整体经济技术水平、国家政策法规制度扶持以及资源市场需求竞争环境的基础上，以及技术资源的市场化需求和用户体验与价值提升带来的动力触发，共同促进了新媒体产品创新的发生。

# 第八章

# 新媒体产品创新四因素和创新价值

创新关系国计民生，是人类社会进步的重要力量。2015 年中共中央提出的"深化体制机制改革，加快实施创新驱动发展战略"，是近几年对创新更高层次的理解，创新在各行各业都是一个高频使用词。当社会在热火朝天地讨论创新话题的时候，对于什么是真正的创新，还需要冷静下来认真思考。

## 第一节　新媒体产品创新现状

本书所研究的新媒体产品创新仅指能够给用户带来全新体验和前所未有的质的飞跃的产品创新。只有当产品的功能因为不断地改进而发生根本性的改变后，才能称之为创新的产品。中国新媒体企业的创新研发现状的特点十分显著，主要体现在两个方面：

（1）研发费用在企业总支出中所占比例在逐年持续大幅增加，研发费用支出的增速显著。新媒体企业的研发费用支出持续增加，是企业成长壮大的必要条件。和传统行业每年占总支出的 3％～5％ 的比例相比，新媒体企业的研发支出成本比例要大得多，大部分占到企业全年总运营支出的 15％ 以上。研究表明，研发支出与新产品在市场中所占的份额之间呈现正相关的关系，高的研发支出有可能导致经营结果向好的方向发展。

中华人民共和国工业和信息化部官网发布的数据显示，互联网企业研发投入不断增加。2018 年，全行业研发投入 490 亿元，比上年增长 19%。2019 年互联网企业在网络音乐和视频内容、旅游出行、生活服务和公共服务平台等应用领域不断创新，研发投入保持较快增长。2019 年 1—2 月，全行业研发投入额达 60.6 亿元，同比增长 11.5%。其中，提供生活服务平台的企业研发投入增速加快，同比增长 21.6%；提供新闻和内容服务的企业不断加强新媒体融合技术投入，研发费用同比增长 14.8%。提供信息服务的企业投入规模增长放缓，提供音视频服务的企业研发投入增长突出。互联网企业在这些应用领域的不断创新，带动了互联网收入规模稳步扩大。2019 年 1—2 月，提供包括网络音乐和视频、网络游戏、新闻信息、网络阅读等信息服务的互联网企业收入规模达 987.4 亿元，同比增长 7.7%。互联网平台服务发展迅速，生活服务类平台增速较快。2019 年 1—2 月，以提供生产服务平台、生活服务平台、科技创新平台、公共服务平台等为主的企业实现业务收入 161 亿元，同比增长 10.4%。[①]

美国上市公司财报数据显示，百度公司在技术研发方面的大手笔投入十分引人关注，以百度公司在 2005—2014 年间的研发支出和总营收增长情况为例，随着企业不断发展壮大，百度全年总营收比上年增长的平均比例为 39.85%，而研发支出的年平均增长超过年总营收的平均增长，达到 48.75%，每年研发支出占年度总营收的比例在 12% 以上，在 2012—2019 年间，研发支出占总营收比例均超过 10%，2019 年甚至达到了 17.13%，这个比例显著高于全球其他顶尖互联网公司（见表 8-1）。

表 8-1　百度公司研发支出情况表（2009—2019 年）

| 年　　度 | 研发支出/亿元 | 比上年增长 | 总营收/亿元 | 比上年增长 | 占总营收比例 |
|---|---|---|---|---|---|
| 2009 年研发支出 | 4.23 | 47.60% | 44.48 | 39.10% | 9.51% |
| 2010 年研发支出 | 7.18 | 69.90% | 79.15 | 78.00% | 9.07% |
| 2011 年研发支出 | 13.34 | 85.80% | 145.01 | 83.20% | 9.20% |
| 2012 年研发支出 | 23.05 | 72.70% | 223.06 | 53.80% | 10.33% |

---

① 数据来源于中华人民共和国工业和信息化部官网。

续表

| 年　　度 | 研发支出/<br>亿元 | 比上年<br>增长 | 总营收/<br>亿元 | 比上年<br>增长 | 占总营收<br>比例 |
|---|---|---|---|---|---|
| 2013 年研发支出 | 41.07 | 78.20% | 319.44 | 43.20% | 12.86% |
| 2014 年研发支出 | 69.81 | 70.00% | 490.52 | 53.60% | 14.23% |
| 2015 年研发支出 | 101.76 | 45.77% | 663.82 | 35.33% | 15.33% |
| 2016 年研发支出 | 101.51 | 0.25% | 705.5 | 6.28% | 14.39% |
| 2017 年研发支出 | 128.83 | 26.91% | 848.65 | 20.29% | 15.18% |
| 2018 年研发支出 | 157 | 21.87% | 1023 | 20.54% | 15.35% |
| 2019 年研发支出 | 184 | 17.20% | 1074 | 4.99% | 17.13% |
| 平均值 | 75.62 | 48.75% | 510.60 | 39.85% | 12.96% |

　　以美国上市公司中国概念股财报中的新媒体企业的财务报表统计为例，与 2018 年相比，2019 年中国主要上市新媒体企业产品研发支出平均增幅的总体水平超过 30%（见表 8-2）。

表 8-2　2019 年度中国主要上市新媒体公司研发支出情况表

| 企业名称 | 2018 年研发支出 | 2019 年研发支出 | 较上年增长 |
|---|---|---|---|
| 百度 | 157 亿元 | 184 亿元 | 17.20% |
| 阿里巴巴 | 227.54 亿元 | 374.35 亿元 | 64.52% |
| 哔哩哔哩 | 5.375 亿元 | 8.942 亿元 | 66.36% |
| 爱奇艺 | 19.947 亿元 | 26.672 亿元 | 33.71% |
| 携程网 | 97 亿元 | 106 亿元 | 9.28% |
| 途牛网 | 3.035 亿元 | 3.153 亿元 | 3.89% |
| 虎牙 | 2.652 亿元 | 5.087 亿元 | 91.82% |
| 51Talk | 1.86 亿元 | 1.53 亿元 | −17.74% |

　　注：1. 数据来源美国上市公司财报 http：//tech. sina. com. cn/focus/finance_report/。
　　　　2. 以上表中数据为非美国通用会计准则的研究与产品开发费用，即不包括股权报酬费用。

　　（2）研发投入主要用于聘用更多研发人员。企业的运营开支增长主要为营销开支、总务与行政开支和产品研发支出的增长，研发投入是新媒体企业稳健成长的必要条件，其中新媒体研发支出的主要用途为增加研发员工人数。人是产品创新的基础，他们是可以提供知识和领导变革能力的重要资源和智力资本。

## 第二节　新媒体产品创新四因素分析

### 一、产品因素——产品新颖度与产品成功概率

产品创新是一个相对概念。相对于时间、内容和参考领域而言，创新有不同的界定。衡量一个产品的创新性，备选答案如下：

（1）对于世界来说是新的；

（2）对于行业来说是新的；

（3）对于公司来说是新的；

（4）一个由现有产品经过重大改良而得到的产品；

（5）一个由现有产品经过较小修改而得到的产品；

（6）其他。

研究者发现，这个问题的答案频率分布基本如下：大约6.7%的产品对于世界来说是新的，31%的产品对于行业来说是新的，9%的产品对于公司来说是新的，24%是由现有产品经过重大改良而得到的产品，还有29%的产品是由现有产品经过较小修改而得到的产品。[①]

对市场而言，新颖程度比较低的产品占到57%，中等新颖程度的产品占到33%，而真正创新型的产品只占到10%。[②]

产品新颖程度和新产品成功概率之间并没有必然联系。由前文的分析可知，目前中国新媒体产品创新除了实现产品的市场价值，获得高收益之外，更着眼于全局战略，在新技术、互联网思维和传统行业的交融地带，构建服务平台和入口，提高用户流量和用户活跃指数，把握行业未来发展趋势。因此，新媒体产品创新无须一味追求高新颖，如何在目前形势下实

---

① Ettlie J E, Elsenbach J. Scale, R&D performance and idea profiles for new products [J]. Journal of Global Business & Technology, 2006, 2 (2): 1-25.

② 成海清. 产品创新管理：方法与案例 [M]. 北京：电子工业出版社，2011.

现资源的平衡和优化配置，整合和融合不同的领域、不同的想法，改造传统领域，构建新生态，从而实现利益最大化，是新媒体产品创新的出发点。绝大部分创新是有基底的，将不同领域的资源、不同行业的想法、不同专业知识等多方面整合起来，共同促成了创新的发生和成功。因此，"创造一个前所未有的全新产品"并非新媒体产品创新首选，而且只占很小比例，绝大部分产品创新集中在"模仿已有产品并改进""改良现有产品""已有功能的重新组合"。

时至今日，创新不再被狭义界定为技术创新，而是要将科研、技术和发明等，和市场商业行为结合起来。在新媒体时代，诞生一个新产品，不仅仅是技术活，从构思的第一天起就一定要融合技术、用户和商业模式三者。创新的产品代表未来发展趋势，只有将用户体验、技术和商务三者有机融合在一起，进行战略性的开放联网的全局部署性创新，才会在新产品的基础上有更多的应用、价值和机会。

## 二、组织因素——对创新的资源、技术人才、市场营销的优先配置

关于新产品开发，绝大多数研究基本都围绕了解用户需求而努力，成功的新产品开发对用户需求的满足方式和满足程度，往往出人意料。创新组织把创新研发人员放在第一位，他们会指出用户的需求。渐进式创新主要来自市场用户反馈，突破式创新往往指研发人员根据对最新技术的应用和对未来趋势的预测，带来革命性的重大颠覆。

史蒂夫·乔布斯引领创造的 iPhone 手机，领先于市面上其他手机，是一款革命性的产品。iPhone 开创了手机的"手指鼠标时代"，若没有相关技术知识和使用经验的支撑，这种异想天开的创意绝对不会出现。真正的高科技产品都是创新思想的产物，这几乎是通用定律。核心技术是产品差异化的来源。挖掘创新人才很重要；营造创新氛围，培育有利于创新人才和创新企业行为培养的环境和文化也很重要。个体的创新趋向是可以预测的，甚至可以在企业中得到培养和激发。单独工作和团队合作都能通过激励产生创意，个人和团体又能使创意转化成创新产品和服务。

百度（中国）有限公司作为一家技术创新公司，始终把简单可依赖的文化和人才成长机制当成百度最宝贵的财富，打破平均主义，奖励业绩突出员工。百度 CEO 李彦宏在百度 2014 年会暨十五周年庆典演讲中提出，百度之所以能一次又一次迎来全新的发展空间，还是因为"我们相信技术的力量。我们的团队，三分之一以上都是优秀的技术工程师。在最困难的时期，我们反而拿出更多经费来加大研发投入。我们不断地扩充美国硅谷研发中心的规模，在人工智能、大数据、语音、图像识别等领域进行深入的布局。我们坚信，技术是我们在巨变的竞争环境中，超越一切对手的决定力量"。

企业对创新资源、研发人才的培养，对创新文化的营造，对创新成果的激励，都是组织因素对创新行为和创新产出的内在动力，是产品创新的源泉。

### 三、市场因素——扇贝型产品生命周期的迭代创新

由于新媒体产品具有典型的扇贝型特殊生命周期，因此必须依赖于持续的创新来延长产品生命周期。把创意概念尽快做成产品，在与市场的高频率互动中不断调整认知、完善产品，实现快速成长，就是迭代创新的精神。迭代创新是一种产品开发的方法和模式，是一种思维。在高度不确定性的市场条件下，迭代创新的优势更加明显。迭代创新与埃里克·莱斯（Eric Ries）的精益创业（Lean Startup）理念异曲同工：首先根据创新构思制造出第一代产品，并投入市场，然后根据市场和用户的反馈，对产品及性能升级换代，迭代优化，以更大程度满足用户需求。同时，用户是迭代开发过程中不可或缺的一部分，用户既是产品使用者，也是产品开发和产品测试者，组织不再有边界。[①]

新产品开发中，起关键作用的环节是研发、营销和运营。[②] 新产品推出后，必须进行持续的市场运营，市场运营环节贯穿于整个产品的生命周

---

① 迭代创新［J］. 清华管理评论，2014（6）：1.
② See Freiberg. Nuts：Southwest Airlines crazy recipe for business and personal success［M］. TX：Bard Press，1966.

期。正是由于新媒体产品的以上特点，才要求新产品能以积极的市场推广和销售策略迅速进入市场，并尽快掌握竞争对手的信息，以应对变幻莫测的市场。

新产品推出的时间节点和产品的市场运营策略要根据时机来决定。互联网技术普及之前，公司运转效率低，产品创新预算和成本大，因此缩短新产品的上市时间非常关键。缩短时间意味着对产品创新投入偷工减料，无论是缩短产品投入时间，还是缩短产品生命周期，对做出好产品来说，都是一种不可取的急功近利行为，不符合可持续策略的浮躁心态。① 企图用最短的时间创造出一个产品，并迅速占领全部或者很大市场，往往不利于企业长远发展和社会的整体创新氛围，因为创新是一个持续、持之以恒的过程。

## 四、经济技术环境因素——了解人性，改变世界

在经济全球化的格局下，中国互联网网民规模和普及率居世界前列。第 43 次《中国互联网络发展状况统计报告》显示，截至 2018 年 12 月，我国网民规模为 8.29 亿，2018 年新增网民 5 653 万，互联网普及率达 59.6%，较 2017 年底提升 3.8%。其中，我国手机网民规模达 8.17 亿，全年新增手机网民 6 433 万；网民中使用手机上网的比例由 2017 年底的 97.5% 提升至 2018 年底的 98.6%。② 中国政府的重视促使 2014 年 8 月审议通过《关于推动传统媒体和新兴媒体融合发展的指导意见》，推动互联网成为新型主流媒体、打造现代传播体系，对非网民信息生活的渗透力度持续扩大；2014 年新浪微博、京东、阿里巴巴等知名互联网企业赴美上市，互联网应用得到广泛宣传，互联网应用与发展模式快速创新；2016 年 7 月，国家新闻出版广电总局发布《关于进一步加快广播电视媒体与新兴媒体融合发展的意见》，提出力争两年内，广播电视媒体与新兴媒体融合发展在局部区域取

---

① 数据来源于中华人民共和国工业和信息化部。
② 中华人民共和国工业和信息化部. 通信司闻库：夯实基础锐意改革  开拓信息通信"蓝海"［EB/OL］.（2014 - 12 - 23）［2018 - 2 - 2］. http：//www. miit. gov. cn/n11293472/n11293877/n16325971/n16328493/16346953. html.

得突破性进展，形成几种基本模式的总体目标。

在社会整体大形势下，媒体融合和新媒体创新成为社会共识。中国的互联网新媒体商业环境在过去主要为抢流量和渠道，现在越来越多的业内人士已经认识到，产品创新要"改变世界，但不被世界改变"，从2011年至今，"微信之父"张小龙对美丽说、蘑菇街等微信公众号进行了"清理"，不做营销平台，鼓励企业用微信做服务而非营销，从而避免了微信沦为微信大号的营销渠道。上海交大媒体与传播学院教师魏武挥认为，张小龙的这种做法"颇有魄力"，开辟了一个增量空间，值得肯定。[①]

在产品创新中，不能过度沉迷技术，同时也不能过于迷信用户。从历史的经验来看，产品创新其实远远超过技术创新，新技术的改变并不能给我们带来体验的创新，只有新技术落实到具体的产品，才能让人感到生活翻天覆地的变化。[②]

目前中国大多数企业研发走的是这一条路：调查用户需求，收集市场数据，靠图表和分析把握用户需求，坚信可以从用户中找到创新的产品。但是一个新产品的诞生，是需要技术支撑的，好奇心、探索欲、改变世界的情怀等这些基本的、坚定的诉求与信仰来源于技术，技术最终决定产品是什么。在技术信仰之上，产品研发的底层逻辑是对人性的了解。人是产品的使用者，人性决定产品如何被使用。对产品研发更深层次的研究是了解人性，人的本性、情感和理智，是产品研发的根本源头。"了解人性，而非所谓用户需求"也许能说明产品研发的终极追求。

与此同时，信息网络技术促使创新节奏加快，产品创新的时间、人力、物力的消耗都大大降低。和10年前相比，创投规模从动辄几百万美元甚至上亿美元，到10万美元甚至几万美元，产品开发成本大大降低。[③] 这也要求产品创新节奏更快，"瀑布式不间断创新"应成为新媒体行业产品

①　刘琦琳. 微信之父张小龙：我从未失去对微信的控制权［EB/OL］.（2013－10－16）［2018－2－2］. http：//tech. china. com/news/mobnet/11103682/20131016/18092271_1. html.

②　成远. 张宏江：产品创新中的工程思维［EB/OL］.（2011－2－18）［2018－2－2］. http：//content. businessvalue. com. cn/post/3256. html.

③　成远. 李开复：互联网的产品精神［EB/OL］.（2011－2－18）［2018－2－20］. http：//content. businessvalue. com. cn/post/3244. html.

创新工作的常态。

　　成功的新产品或新服务开发要求一种综合平衡的新产品生态系统。新媒体产品创新中，产品因素、组织因素、市场因素和经济技术环境因素，共同组成一个平衡的新媒体产品创新体系。

## 第三节　新媒体产品创新的行为和认识之间矛盾的分析

　　企业在进行产品创新时，应充分了解市场，对目标市场的定位、对市场需求的调查分析、对竞争对手的了解，历来是企业降低创新风险的关键考量因素。在调查中我们发现两个问题：① 与传统行业不同的是，新媒体企业在进行产品创新过程中，现阶段对市场营销因素的重视程度反而更重要；② 企业研发人员对新媒体产品创新成功的评判和国内目前的产品创新现状之间也存在一定的矛盾和差距。

### 一、高速循环运转的产品创新竞争形势

　　新媒体企业在新产品日新月异的激烈竞争中身不由己地卷入漩涡，市场竞争激烈、创新周期短、创新团队短小灵活，导致许多新媒体企业对新产品项目的论证和考察不足，有了新项目立即上马，不能如期见成效即宣告失败并撤销项目。这种略显浮躁和急功近利的心态是中国新媒体业界常态，对中国新媒体产品创新的长远发展并不十分有利。但要充分沉淀并以平和心态对待市场短期反映，和中国目前新媒体企业的产品创新项目考核机制之间存在一定矛盾：高昂的人力成本和运营成本，需要不断有新产品进入市场，以增强市场竞争力，保持企业的竞争地位；活跃的新媒体市场需求和投资方的追捧，不断给市场注入新鲜活力，又会激发更旺盛的产品创新竞争。

　　在这种高速循环运转的快节奏产品创新竞争形势下，新媒体企业的产品创新心态更像是在下赌注的押宝：押下一笔总额不算太大的本金，押中

了就一本万利，押不中也损失不太大，10 个产品押中 1 个也就能回本了。这也造成了创新成为目前新媒体业界的常态和共识，但有选择有沉淀的创新则较少，更多的创新是跟风赶浪，一旦某个新产品受到关注，随后很快会出现一长串类似的同质化产品，新媒体产品的抄袭和模仿成本不算高，谁的市场营销能力和市场运作资源强，谁就更容易获得成功。

### 二、新媒体处于发展阶段，市场布局尚未完全确定

调查研究发现，中国目前新媒体产业的研发人员认为在产品创新中应该更注重对未来发展趋势的把握，改善用户体验，注重社交化互动性，提供智能简约的个性化服务，摈弃大而全的多种优势功能组合方式，把细分的核心功能做到极致，组合多种优势功能，做服务平台和入口，对用户需求和体验进行精准提炼，为用户解决问题，积极实现价值。

新媒体产品市场竞争现状与对产品创新的理性认识之间的矛盾，说明中国新媒体处于发展阶段，市场布局尚未完全确定，产品市场竞争十分激烈。同时，国内新媒体产品市场需求庞大，业界形容这是千载难逢的大好机遇，新媒体产业被称为是一座含金量极高的富矿，小米 CEO 雷军的一句"站在台风口上，猪都能飞起来"的言论点出时机的重要性，此起彼伏的新媒体创业者在很短时间内获得巨大成功的案例，让每个新媒体从业者都想着做"一只在风口浪尖展翅飞翔的肥猪"，在这场创新大潮中抓住机遇，占据地盘，牢固统治，并不断扩展势力。但百度 CEO 李彦宏并不认同此类观点，他认为"风口论"，包括"猪论"是一种投机思维，他说，让我焦虑的是什么能够不做，而不是还有哪些可以做。我只有回答什么不做，我才能够真正聚焦，把真正适合我的东西做好。

在纷繁的局势下，新媒体产品创新要善于认清形势、找准目标、精准定位，把一个核心功能做到极致，深层次解决用户的问题，并在此基础上，组合其他优势功能，构建服务平台，成为第三方接入口，为用户提供"一站式解决方案"。可以预见，这种产品创新竞争态势维持一段时间后，未来会逐渐回归理性，研发人员会开始做更有意义的、真正从用户体验和价值出发、引导社会时尚和技术潮流的产品创新。

## 第四节　新媒体产品具有扇贝型
## 特殊生命周期

新媒体产品具有特殊的产品生命周期特点。特殊的产品生命周期包括
4 种类型：时尚型产品生命周期、风格型产品生命周期、扇贝型产品生命
周期和热潮型产品生命周期，特殊产品生命周期曲线并非常规的 S 型（见
图 8-1）。

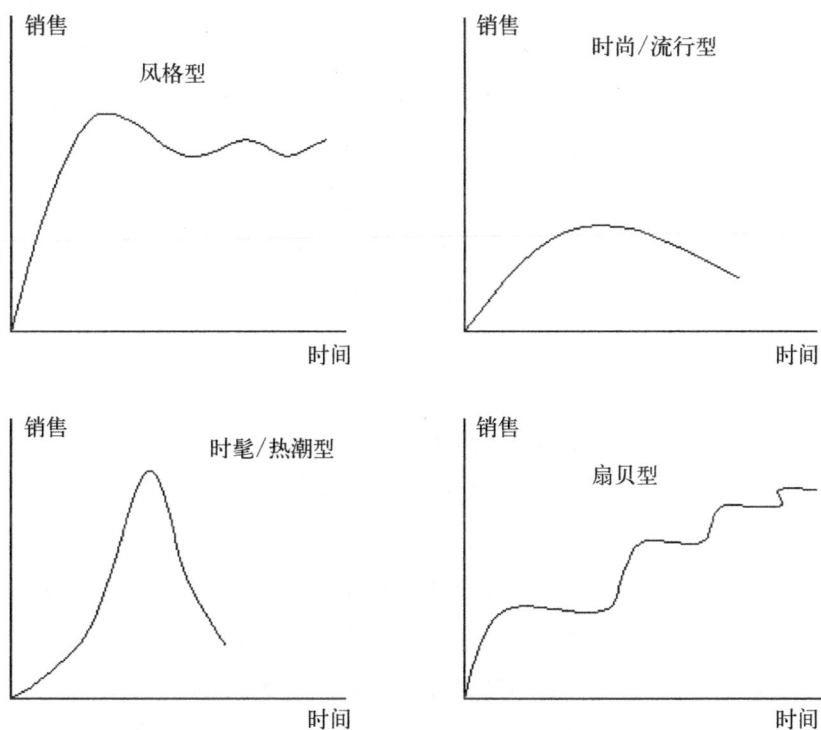

图 8-1　4 种特殊产品生命周期图

时尚型产品是指一时流行的产品，因为某种原因而被广泛注意和接
受，从刚上市时的独特阶段，到模仿阶段、大量流行阶段，再到衰退阶
段，最终注意力会转移到另一种时尚。

风格型产品表现为具有某种社会象征意义和文化内涵的产品，比如巴
洛克风格，风格可能延续，也可能在流行与不流行之间循环往复。

扇贝型产品因为产品创新不间断地进行，产品的新特征和新功能不断得到开发，因而产品生命周期不断延伸再延伸。

热潮型产品往往快速成长又快速衰退，来势迅猛，满足一时好奇，由于不满足刚性需求而不具备持续长久的吸引力。

新媒体产品具有典型的扇贝型产品生命周期的特点，集中体现在迭代创新行为中。创新工场李开复认为，迭代创新的逻辑是先向市场推出极简的原型产品，以最小的成本和有效的方式验证产品是否符合用户需求，然后再结合需求，迅速添加组件。迭代创新是一种试错和快速改进的产品研发思路，一旦发现创新的产品不符合市场形势，就尽量让它在最短的时间里"快速而廉价地失败"。这种迭代创新可以避免上述"技术主导"的错误，符合产品应根据用户需求和市场变化进行调整的需求。① 在新媒体产品创新中，首先针对一小批用户，做出一个产品的雏形，然后慢慢地去滚动发展，增加或整合更多的产品功能。功能及用户越来越多，逐渐就形成了生态圈。Facebook、微信就是这种迭代式创新产品成功的最佳案例，而这种创新模式正是目前中国新媒体产品创新的主流模式。

## 第五节　新媒体产品创新价值——用户体验

企业的创新是一个系统工程，涉及管理、技术、资源、市场等多个方面。创新绝不是天才的灵光一闪，往往"牵一发而动全身"，必须要经过周密的设计和考量，从创新的设想阶段开始，就要考虑和企业内外部其他因素的关系以及可能引发的各种效应，从社会、行业和企业的整体效益和发展大局出发，协调和梳理多个因素之间的关系，形成良性创新机制，降低创新风险，提高创新成功率。

新媒体行业作为目前全球备受关注的高收益行业，在利益上的想象空间在持续膨胀，各类投资不断进入新媒体行业，专业人才快速成长，与此

---

① 谢丽容. 李开复：相信迭代创新可改变世界而非颠覆式创新 [J]. 财经，2013 (7)：15.

同时，资本的逐利本性促使新媒体竞相采用最新的技术，以最快的速度积极响应市场需求，挖掘潜在市场空间。

和传统产品不一样，新媒体产品创新具有鲜明的时代文化特质，主要体现在以下几点。

## 一、务实的产品创新基因

伴随着互联网近20年的普及发展而成长起来的一大批年轻人在新媒体领域试水，作为深具互联网基因的一代，他们具有最新的技术才能和最贴近时代的思维方式，能深刻了解新媒体用户的需求，因为这同时也正是他们自身的需求，他们追求的不是赚钱，而是希望看到产品有一天能够让全世界疯狂，他们相信正在做的产品代表一种生活方式的变革，能影响这个时代。他们兼具务实和理想的特质，怀揣着"务实的理想主义"做产品。对新媒体执着的热爱、勇往直前的理想浪漫主义和脚踏实地的商业资本运作才能相结合，让这批满怀理想主义的互联网基因携带者在新媒体领域风生水起，成为当今新媒体领域的主力军。

务实的新媒体产品创新紧紧围绕一个核心——用户体验，满足了用户的现实需求或潜在需求，就能获得市场的认可。务实精神还体现在产品创新过程中对围绕用户和用户体验的产品核心价值的思考：

### 1. 产品和服务为客户解决了什么问题

任何产品和服务都是为了解决用户的问题而产生。在产品创新过程中，首要考虑的问题是为什么要创新，也就是创新解决什么问题。不解决问题，即不满足需求，价值无法体现。实用性创新能够为大众带来好处和方便，能提高普通大众生活水平。

### 2. 在解决问题的过程中是否有超强的客户体验

解决问题的方式千差万别，用什么样的方式去解决用户的问题，让消费者获得极致体验，决定着产品成功的可能性大小。在市场竞争激烈的形势下，要鼓励差异化竞争，提高性价比。要做到以超强的消费体验一击而中，唯有创新。

### 3. 客户是否愿意为产品和服务买单

只有消费者以实际购买行为支持的产品和服务，才真正称之为创新的产品。有许多创新，概念很新很炫，技术很高深，但对消费者来说吸引力不大，甚至他们根本不清楚这个新产品到底能做什么，因而无法引发购买和消费体验行为，不能称之为有效的创新。

务实还体现在新媒体产品很少像以前传统行业追求声势浩大那样一掷千金，而是十分注重传播的效果，通过社交媒体如微博、微信、二维码等更为轻灵敏捷的方式接入用户，在轻松幽默的文案中内置产品营销，制造各种大众感兴趣且和产品本身有关的话题，让用户参与互动反馈，以让人乐于接受的形式获得用户深度认可。

## 二、高效的产品创新机制

新媒体产品创新中，无以数计的先行者冲锋陷阵，折戟沉沙，但后来者依然前赴后继，是因为创新者们深知时机对产品创新至关重要，抢占市场先机的产品对用户的影响力更大，并能迅速抓住他们的注意力。麦肯锡公司研究发现，在计划时间内及时推出的新产品，和推迟 6 个月销售的新产品，在最初的 5 年内，两者之间的平均利润差距高达 29%。[①] 为了敏捷应对瞬息万变的市场和社会需求，新媒体组织大多建立和完善以多品种、短周期为特点的产品创新模式。在新媒体产品创新中，迅速迭代是常态，产品经过市场竞争和与消费者之间的不断磨合，才会越来越完美。第一代产品不经过消费者和市场的考验和历练环节，要做到尽善尽美很难。产品在持续的更新换代中，带给用户的是对产品未来可能的期待。

创新是一项高风险性的行为，迄今为止没有任何一套理论能够判断一项创新行为的成功率。新媒体产品创新是一个不断试错的过程，在试错的

---

① 张米尔，武春友. 基于产品平台的产品创新模式［J］. 研究与发展管理，2000（5）：11 - 13+16.

过程中寻求生路，突破原有规则的藩篱。当然，试错并不是一项随机行为，采用"系统化创造性思维"方法创新产品，以严格的"框架内"思维方式来取代产品创意上漫无边际的"游击战"，着眼于现有产品及其特性进行创新，将产品的核心功能做到极致，是创新试错的目标。产品创新中要建立高效的创新执行团队，制定科学的创新流程及项目审查机制，以提高创新成功的效率和概率。

### 三、人性化——极致的用户思维

极致是指新媒体产品直接切入要提供给用户的核心需求。把满足核心需求的服务做到极致，新媒体的价值才能得到最大的体现。新媒体产品越来越向平台化、社交化、垂直化、个性化的方向发展，创新中需要把平台与成长，产品与发展，空间与模式联合在一起。为人的高效和人的解放服务，是产品创新不变的内核。

慵懒主义意在指所有新媒体产品让人越来越"懒"——用更省时、省力、省钱的方式体验到更便捷、简单、便宜的服务。便捷、便宜、新奇是新媒体产品的标配。新媒体产品的"懒人模式"智能功能设计让人类生活和工作更省时省力。前文提到的第 43 次《中国互联网络发展状况统计报告》显示，截至 2018 年 12 月，我国手机网民规模达 8.17 亿，全年新增手机网民 6433 万；网民中使用手机上网的比例由 2017 年底的 97.5％提升至 2018 年底的 98.6％。腾讯 CEO 马化腾认为，移动互联网已经是大势所趋。在移动互联网世界里，以微信为代表的超级 APP 诞生，和势不可挡的轻应用模式，正在构建更简洁轻灵的应用场景，给用户一种"众里寻他千百度，蓦然回首，那人却在，灯火阑珊处"的超预期体验的惊喜。

对于使用者来说，产品的价值在于为使用者带来特定的体验，优秀的创新产品能带给使用者满足心理预期或超出预期需求的体验，这是新媒体创新的生存法则。生存发展、技术进步、客户需求变化、全球化、人类社会和谐等，都驱动新媒体进行持续不断的产品创新。经济学家熊彼特将创新定义为"建立一种新的生产函数"，是企业家对生产要素的新的组合，现代管理之父彼得·德鲁克（Peter Drucker）认为创新活动是在经济活动本身中存在着的某种破坏均衡而又恢复均衡的力量。[①] 随着时间、社会审美、客户喜好和技术的改变，均衡时时刻刻都处于被破坏的境地，即使最具创新性的企业都难以保持在时代最前沿。创新必然是一个持续的行为。新媒体作为炙手可热的前沿领域，集天时、地利、人和于一身，创新的前景大有可为。

产品是与未来的联系，同时也是过去留下的遗产。一项新产品为企业提供新机会，也建立起了把过去引介给未来，或者创造一个全新图景的可能。

### 四、研究局限性及展望

新媒体产品创新的评估指标体系研究是一个比较新颖的研究课题，在初步的研究过程中难免存在一些不足，在将来的后续研究中可以不断完善和发展。

第一，在研究过程方面，主要从文献整理中借鉴其他行业产品创新评估指标体系的研究，同时对国内新媒体企业研发部门负责人进行数据收集整理，通过两方面的整合构建新媒体产品评估指标体系，但缺乏对新媒体产品的用户群体的研究。在接下来的研究中，可以考虑将更加完备的影响因素加入模型中，或许能够更加贴近现实情况，更好地解释现实问题。

第二，在研究方法方面，新媒体产品创新指标体系的构建借助于层次分析法，采用专家打分的方法，赋予各级指标权重，这个过程难免过于主观。在指标体系的使用中，依然会受到打分专家的主观因素干扰。为了尽可能显示出指标体系的客观性，需要通过同一组专家在不同新媒体企业之间进行横向对比打分，或者以某一特定新媒体企业作为参照物，从而使本书所构建的评估指标体系的应用更加准确。

第三，在研究范围方面，本书主要研究中国新媒体产品创新的评估，关注的范围和视野比较局限，对国外新媒体产品创新，如美国、日韩等新媒体发达国家的研究没有涉及，也缺少与国外的新媒体产品创新的评估指标体系的对比研究，这在以后的研究中可以完善。

---

① 彼得·德鲁克. 创新与企业家精神［M］. 蔡文燕，译. 北京：机械工业出版社，2018.

# 附录一

# 关于新媒体产品创新的
# 评估指标体系的调查问卷

您好！这是一份关于新媒体产品创新研究的问卷，填写者为新媒体企业管理人员和研发创新部门人员，请您抽空勾选填写，您的参与对我非常重要，感谢您的支持！

说明：关于新媒体产品的界定目前并无定论，本研究所指的新媒体产品是基于互联网等新媒体技术，能满足新媒体用户需求的新媒体产品和服务。按照媒体四功能主要分为四大类（包括 PC 端和移动端）：

（1）内容信息产品：各种新闻客户端和渠道端，如澎湃新闻社、TED、FT 中文网、鲜果网、电子杂志。

（2）社交服务产品：即时通信、微博、微信、知乎、豆瓣等基于 UGC 的信息和互动。

（3）休闲娱乐产品：游戏、音乐、视频、小说网站，满足新媒体用户娱乐消遣需求。

（4）电子商务产品：大众点评、汽车之家、滴滴打车、途牛旅游网、饿了么、云家政、阿里巴巴网、淘宝网等，建设电子商务服务平台，提供与人们生活息息相关的信息和服务。

**第一部分：产品因素**

1. 新媒体产品的创新表现

| 题目＼选项 | 非常重要 | 比较重要 | 一般 | 不太重要 | 不重要 |
|---|---|---|---|---|---|
| 采用的技术新 | | | | | |
| 产品概念新 | | | | | |
| 产品市场定位新 | | | | | |
| 产品商业模式新 | | | | | |

| 题目 \ 选项 | 非常重要 | 比较重要 | 一般 | 不太重要 | 不重要 |
|---|---|---|---|---|---|
| 产品用户体验新 | | | | | |
| 产品设计新 | | | | | |
| 设计、技术、商业的新融合 | | | | | |

2. 新媒体产品创新的方法和途径

| 题目 \ 选项 | 非常重要 | 比较重要 | 一般 | 不太重要 | 不重要 |
|---|---|---|---|---|---|
| 现有产品的改良 | | | | | |
| 模仿已有产品并改进 | | | | | |
| 创造一个前所未有的全新产品 | | | | | |
| 已有功能的重新组合 | | | | | |

3. 评价一个新媒体产品成功与否的主要标准

| 题目 \ 选项 | 非常重要 | 比较重要 | 一般 | 不太重要 | 不重要 |
|---|---|---|---|---|---|
| 产出投入比高 | | | | | |
| 用户流量和活跃指数高 | | | | | |
| 迅速占领市场，获得高收益 | | | | | |
| 代表未来发展趋势 | | | | | |

4. 新媒体产品未来创新的方向策略

| 题目 \ 选项 | 非常重要 | 比较重要 | 一般 | 不太重要 | 不重要 |
|---|---|---|---|---|---|
| 注重用户参与产品研发 | | | | | |
| 做服务平台和入口 | | | | | |
| 摈弃大而全，细分核心功能 | | | | | |
| 社交化、智能简约个性化 | | | | | |
| 满足基本需求，降低成本 | | | | | |
| 创造前所未有的全新的需求 | | | | | |
| 用互联网思维和技术改造传统行业 | | | | | |

## 第二部分：组织因素

### 5. 您所在企业对于创新行为的整体规划和全局战略

| 题目 \ 选项 | 非常重要 | 比较重要 | 一般 | 不太重要 | 不重要 |
|---|---|---|---|---|---|
| 积极的鼓励和扶持政策 | | | | | |
| 有效的激励和奖赏机制 | | | | | |
| 宽松自由的工作环境 | | | | | |
| 成熟完善的员工培训体系 | | | | | |
| 运转良好的创新研发部门 | | | | | |

### 6. 您所在企业产品创新过程中创意的首先提出者

| 题目 \ 选项 | 非常重要 | 比较重要 | 一般 | 不太重要 | 不重要 |
|---|---|---|---|---|---|
| 一线营销运营部门 | | | | | |
| 创新研发部门 | | | | | |
| 基层和中层领导 | | | | | |
| 高层领导 | | | | | |
| 客户或粉丝反馈 | | | | | |

### 7. 企业管理方面对创新起到积极推进作用的因素

| 题目 \ 选项 | 非常重要 | 比较重要 | 一般 | 不太重要 | 不重要 |
|---|---|---|---|---|---|
| 充足的创新资源 | | | | | |
| 科学的创新流程和审核机制 | | | | | |
| 跨部门的创新合作 | | | | | |
| 高层的高度重视和推进 | | | | | |
| 员工之间分享信息、经验和技术 | | | | | |
| 创新团队的建设和协作 | | | | | |
| 对创新贡献的重点奖励 | | | | | |

## 第三部分：市场因素

### 8. 请您评价下列市场因素对产品创新的重要性

| 题目 \ 选项 | 非常重要 | 比较重要 | 一般 | 不太重要 | 不重要 |
|---|---|---|---|---|---|
| 对顾客需求的分析识别能力 | | | | | |
| 在技术和市场之间找到结合点 | | | | | |

| 题目＼选项 | 非常重要 | 比较重要 | 一般 | 不太重要 | 不重要 |
|---|---|---|---|---|---|
| 清晰准确的市场战略 | | | | | |
| 进入市场的速度快 | | | | | |
| 积极的市场推广和销售 | | | | | |
| 对竞争对手信息的掌握和应对能力 | | | | | |

**第四部分：经济技术环境因素**

9. 请您评价下列环境因素对产品创新的重要性

| 题目＼选项 | 非常重要 | 比较重要 | 一般 | 不太重要 | 不重要 |
|---|---|---|---|---|---|
| 技术发展的潮流 | | | | | |
| 政治和法律法规的影响 | | | | | |
| 社会整体经济形势 | | | | | |
| 企业创新文化和氛围 | | | | | |
| 企业创新政策和环境 | | | | | |

10. 您所在企业在产品创新中的技术因素

| 题目＼选项 | 非常重要 | 比较重要 | 一般 | 不太重要 | 不重要 |
|---|---|---|---|---|---|
| 研发人员获取国际最新技术信息的机制 | | | | | |
| 确保研发人员将最新技术应用到产品创新的成功机制 | | | | | |
| 创新中介服务机构完善程度 | | | | | |
| 企业与外界科技研发部门的联系合作机制 | | | | | |
| 跨专业领域技术的创新应用机制 | | | | | |

11. 请问您所在的企业推出一项新产品平均需要多长时间

① 1 月以内  ② 半年以内  ③ 半年—1 年  ④ 1—2 年  ⑤ 超过 2 年

12. 您所在企业创新经费占总企业支出的比例

① 1％以内  ② 1％～3％  ③ 3％～5％  ④ 5％～10％

⑤ 10％以上

13. 您所在企业创新产品的成功概率

① 低于 1% 　　② 1%～2% 　　③ 2%～3% 　　④ 3%～5% 　　⑤ 5%以上

14. 您认为企业产品创新的最关键依据

① 市场的需求

② 技术的发展

③ 高层管理者的预测和判断

④ 技术、人才、资金等新资源的引入

**第五部分：企业基本情况**

15. 您所在企业所有制情况

① 国有企业 　　② 外商投资企业 　③ 股份制企业 　　④ 私营企业

16. 您所在企业成立的时间

① 1995—2000 年 　　　　　　② 2001—2004 年

③ 2005—2008 年 　　　　　　④ 2009—2011 年

⑤ 2012—2014 年

17. 您所在企业的员工人数以及研发人员总数

| 员工人数 | 研发人员人数 |
| --- | --- |
| ① ＞10 000 | 1 001～5 000 |
| ② 5 001～10 000 | 501～1 000 |
| ③ 1 001～5 000 | 101～500 |
| ④ 501～1 000 | 51～100 |
| ⑤ 101～500 | 11～50 |
| ⑥ ＜100 | ＜10 |

# 附录二

# 关于新媒体产品创新
# 机制的采访提纲

您好！感谢您百忙中抽空接受这次采访。

1. 您认为新媒体产品是什么？

2. 您认为什么是真正的创新？

3. 您如何评价国内互联网行业的创新氛围和创新现状？

4. 您所在的公司有创新实验室吗？从什么时候开始设立的？运行是否顺利？如果曾出现过问题，主要表现在哪些方面？

5. 您认为创新流程是必须的吗？如何制定创新制度和创新流程？

6. 您所在公司的创新流程是怎样的？如果有，您如何评价这个流程？您认为流程设计科学吗？需要改进吗？如果改进，主要改进哪些方面？

7. 如果没有创新流程，如何进行产品创新过程的阶段性管理？

8. 要进行一项产品创新，您认为最首要考虑的因素是什么？

9. 除了首要因素，还有哪些因素也很重要？

10. 公司每年在产品创新上投入的资金有多少？对创新产品的投入和产出比和其他部门的区别？

11. 如何对产品创新工作的绩效进行考核？

12. 您所在的创新团队有多少人？性别、年龄、学历、工作经历等的结构是怎样的？团队协作的方式是怎样进行的？

13. 您如何评价您的团队和工作氛围？

14. 您认为企业创新行为失败的主要原因是什么？

15. 您如何看待产品创新的风险？应该如何避免风险？应该建立怎样的预警机制？

16. 新媒体行业中，您认为在产品创新方面做得好的企业有哪些？

# 参 考 文 献
## References

[1] 毕克新. 产品创新与工艺创新协同发展分析模型与方法研究 [J]. 中国管理科学，2007，8 (15)：138 - 148.

[2] 毕克新，朱娟，冯英浚. 中小企业产品创新测度指标体系研究 [J]. 中国软科学，2002 (9)：55 - 58.

[3] 陈琳，李书全. 行动者网络理论的建筑低碳化动力机制研究 [J]. 天津大学学报（社会科学版），2012 (1)：87 - 92.

[4] 陈伟. 创新管理 [M]. 北京：科学出版社，1998.

[5] 成海清. 产品创新管理：方法与案例 [M]. 北京：电子工业出版社，2011.

[6] 葛松林. 国外产品整体观念的进化及其意义 [J]. 外国经济与管理，2000，5 (22)：43 - 48.

[7] 郭俊立. 巴黎学派的行动者网络理论及其哲学意蕴评析 [J]. 自然辩证法研究，2007，23 (2)：104 - 108.

[8] 黄传武，等. 新媒体概论 [M]. 北京：中国传媒大学出版社，2013.

[9] 胡树华. 国内外产品创新管理研究综述 [J]. 中国管理科学，1999，7 (1)：65 - 76.

[10] 戴尔，葛瑞格森，克里斯坦森. 创新者的基因：掌握五种发现技能 [M]. 曾佳宁，译. 北京：中信出版社，2013.

[11] 李君华. 产品创新中的价值系统研究 [D]. 武汉：武汉理工大学，2003.

[12] 李善友. 颠覆式创新 [M]. 北京：机械工业出版社，2014.

[13] 李勇. 产业集群创新网络与升级战略研究 [M]. 上海：上海社会科学院出版社，2010.

[14] 蔺雷，吴贵生. 服务创新研究方法综述 [J]. 科研管理，2004，25 (3)：19 - 23.

[15] 刘国新等. 企业分布式创新的机理及效应 [M]. 北京：科学出版社，2011.

[16] 吕一博，苏敬勤. 基于创新过程的中小企业创新能力评价研究 [J]. 管理学报，2009，3 (6)：331 - 337.

[17] 肖磊. 产品创新：理论和应用研究 [D]. 成都：西南财经大学. 2014.

[18] 杨俊，杨杰. 产品创新的螺旋演进：基于模块生产网络创新系统研究 [J]. 科学学

与科学技术管理，2007（6）：72-76.

[19] 杨继红. 新媒体生存 [M]. 北京：清华大学出版社，2008.

[20] 喻国明，欧亚，张佰明，等. 微博：一种新传播形态的考察，影响力模型和社会性应用 [M]. 北京：人民日报出版社，2011.

[21] 卫汉华. 产品创新度：决策取向与创新绩效的关系研究 [D]. 哈尔滨：哈尔滨工业大学，2010.

[22] 汪頔. 新媒体的发展趋势及其对价值观的影响 [D]. 上海：复旦大学，2013.

[23] 王士宇，翟征，西蒙斯. 读解新媒体 [M]. 北京：世界知识出版社，2013.

[24] 张国良，陈宏民. 国内外技术创新能力指数化评价比较分析 [J]. 系统工程理论方法应用，2006，10（15）：385-392.

[25] 张国良. 传播学原理 [M]. 上海：复旦大学出版社，2005.

[26] 普林格尔，斯塔尔. 电子媒体管理（第五版）[M]. 佟雪娜，译. 北京：人民邮电出版社，2010.

[27] 张娜娜，付清芬，王砚羽，等. 互联网企业创新子系统协同机制及关键成功因素 [J]. 科学学与科学技术管理，2014，3（35）：77-85.

[28] 张向宏. 互联网新技术在媒体传播中的应用 [M]. 北京：清华大学出版社，2010.

[29] 张文俊. 数字新媒体概论 [M]. 上海：复旦大学出版社，2009.

[30] 张静敏. 互联网络的经济学分析 [M]. 北京：中国金融出版社，2010.

[31] 朱春阳. 现代传媒产品创新理论与策略 [M]. 济南：山东人民出版社，2005.

[32] 张沙沙. 基于层次分析法的移动互联网产品可用性研究 [D]. 北京：北京邮电大学，2010.

[33] 约翰·E. 艾略特. 创新管理 [M]. 王华丽，刘德勇，王彦鑫，译，上海：上海财经大学出版社，2008.

[34] 韩士成. 创新与企业新产品开发管理 [J]. 黑龙江对外经贸，2009，7（181）：86-87.

[35] 司春林，孙鲁峰，赵明剑. 创新流程与创新模式 [J]. 研究与发展管理，2003，6（3）：22-26.

[36] 慎海雄. 中国新兴媒体发展报告（2012—2013）[R]. 北京：新华社新媒体中心，2013.

[37] 克里斯坦森. 创新者的窘境 [M]. 北京：中信出版社，2010.

[38] 侯先荣，吴奕湖. 企业创新管理理论与实践 [M]. 北京：电子工业出版社，2003.

[39] 法格博格，莫利，纳尔逊. 牛津创新手册 [M]. 柳卸林，郑刚，蔺雷，等译. 北京：知识产权出版社，2009.

[40] 吴贵生，高建. 创新与创业管理（第6辑）[M]. 北京：清华大学出版社，2010.

[41] 盛亚，等. 复杂产品系统创新的利益相关者管理 [M]. 杭州：浙江大学出版社，2011.

[42] 王孝斌，王学军. 创新集群的演化机理 [M]. 北京：科学出版社，2011.

[43] 王福涛. 集聚耦合：创新集群发展动力机制 [M]. 北京：中国地质大学出版社，2011.

[44] 邵云飞，唐小我，范群林. 产业集群自主创新的动力机制与能力增长研究 [M].

北京：科学出版社，2012.

[45] 芮明杰，张琰. 产业创新战略：基于网络状产业链内知识创新平台的研究 [M]. 上海：上海财经大学出版社，2009.

[46] 瑞尼. 企业产品创新 [M]. 吴金希，等译. 北京：知识产权出版社，2009.

[47] 林良华. 论技术创新测度指标设置 [J]. 浙江师大学报（社会科学版），2001（1）：76-80.

[48] 胡春. 网络经济学 [M]. 北京：清华大学出版社，2010.

[49] 胡世良. 赢在创新：产品创新新思路 [M]. 北京：人民邮电出版社，2009.

[50] 纪永英. 创新的盈利模式 [M]. 北京：机械工业出版社，2009.

[51] 乔为国. 商业模式创新 [M]. 上海：上海远东出版社，2009.

[52] 吕馨芳，杜跃平. 企业产品创新指标体系的构建与评价方法研究 [J]. 中国集体经济，2008（16）：71-72.

[53] 弗朗斯曼. 创新的愿景：日美公司的创新文化 [M]. 马晓星，译. 北京：知识产权出版社，2008.

[54] 经理人杂志社. 塔式创新：中国管理创新的 7 个层次 [M]. 北京：科学出版社，2012.

[55] 祁明. 企业创新标杆 [M]. 北京：科学出版社，2009.

[56] 中国管理模式杰出奖理事会. 云管理时代：解码中国管理模式 [M]. 北京：机械工业出版社，2013.

[57] 格里夫斯. 产品生命周期管理 [M]. 褚学宁，译. 北京：中国财政经济出版社，2007.

[58] 张学义. 行动者网络理论视阈下的物联网技术 [J]. 自然辩证法研究，2011（6）：30-35.

[59] 汪洁，王洪亮. 基于行动者网络理论的创新生态系统模型构建 [J]. 商业时代，2014（12）：36-38.

[60] 王勉. 基于创新流程的创新战略与创新模式分析 [J]. 科学管理研究，2014（6）：15-17.

[61] 周三多，陈传明，鲁明泓. 管理学：原理与方法（第五版）[M]. 上海：复旦大学出版社，2009.

[62] 于洪彦，孙宇翔. 产品创新决策的影响因素研究 [J]. 生产力研究，2009（16）：166-167.

[63] 刘锦英. 行动者网络理论：创新网络研究的新视角 [J]. 科学管理研究，2013，31（3）：14-17.

[64] 米勒，韦德尔-韦德尔斯伯格. IESE 商学院最受欢迎的创新课 [M]. 魏群译. 北京：中信出版社，2013.

[65] 吴贵生，杨艳，朱恒源. 中国产品创新管理研究、现状、差距与展望 [J]. 研究与发展管理，2006，18（6）：43-50.

[66] 潘成云. 产品生命周期细分与营销策略 [J]. 当代财经，2003（6）：61-64.

[67] 波特. 竞争优势 [M]. 陈丽芳，译. 北京：中信出版社，2014.

[68] 王毅，范保群. 新产品开发中的动态平台战略 [J]. 科研管理，2004，25（4）：

97－103.

[69] 李良德. 突破性创新评估体系及管理模式研究 [D]. 杭州：浙江大学，2002.

[70] 许庆瑞. 研究与发展管理 [M]. 北京：高等教育出版社，1986.

[71] 伍尔芬. 创新地图：创造客户所需要的产品和服务 [M]. 仁脉学习技术研发中心，译. 北京：电子工业出版社，2015.

[72] 特罗特. 创新管理与新产品开发（第 5 版）[M]. 陈劲，译. 北京：清华大学出版社，2015.

[73] ALI A. Pioneering versus incremental innovation: review and research proposition [J]. Journal of Product Innovation Management, 1994 (11): 46－61.

[74] ATUAHENE-GIMA K. Resolving the capability-rigidity paradox in new product innovation [J]. The Journal of marketing, 2005, 64 (4): 61－83.

[75] BARAS R. Interactive innovation in financial and business services: the wanguard of the service revolution [J]. Research policy, 1990 (19): 215－237.

[76] BARAS R. Towards a theory of innovation in services [J]. Research Policy, 1986 (15): 161－173.

[77] BARNETT B D, CLARK K B. Technological newness: an empirical study in the process industries [J]. Journal of Engineering and Technology Management, 1996 (13): 263－282.

[78] BURNST, STALKER G M. The management of innovation [M]. London: Tavistock, 1961.

[79] CALANTONE R J, SCHMIDT J B, SONG X M. Controllable factors of new product success: a cross-national comparison [J]. Marketing Science, 1996 (15): 341－358.

[80] CALANTONE R J, DI B. An integrative model of the new product development process: an empirical validation [J]. Journal of pruduct innovation management, 1998 (5): 201－215.

[81] GANN D, MILLER R. Technology strategies: an east-west coomparison of innovation in major capital projects [M]. 7th ed. Tokyo: International Forum on Technology Management, 1997.

[82] EVANSCHITZKY H. Success Factors of Product Innovation: an updated meta-analysis [J]. The Journal of product nnovation management, 2012, 29 (S1): 21－37.

[83] FRISHAMMAR J, HORTE S A. The role of marker orientation and enterpreneurial orientation for new product development performance in manufacturing firms [J]. Technology analysis & Strategic management, 2007 (19): 765－788.

[84] GALLOUJ F, WEINSTEIN O. Innovation in services [J]. Research Policy, 1997 (16): 537－556.

[85] LYNN G. Marketing and discontinuous innovation: the probe and learn process, managing strategic innovation and change [M]. New York: Oxford Universitu Press, 1997.

[86] MARCH J G. Exploration and exploitation in organizational learning [J]. Organizational Science, 1998 (1): 299 - 316.

[87] LANGERAK F, HULTINK E J. The effect of new product development acceleration approaches on development speed: a case study [J]. Journal of Engineering and Technology Management, 2008 (25): 157 - 167.

[88] MOHANBIR S, GIANMARIO V, EMANUELA P M. Collaborating to create: the internet as a patform for customer engagemennt in product innovation [J]. Journal of interactive marketing, 2005 (19): 4 - 17.

[89] TUSHMAN M L, ADERSON P C, O'REILLY C. Technology cycles, innovation streams and strategic change, managing strategic innovation and change [M]. New York: Oxford University Press, 1997.

[90] ROBERT W, Discontinuous innovation and the new product development process [J]. Product Innovation Management, 1998, 15 (4): 304 - 321.

[91] ROMIJN H, ALBALADEJO M. Determinants of innovation capability in small electronics and software firms in Southeast England [J]. Research Policy, 2002 (31): 1053 - 1067.

[92] ROGER M, MIKE H. Innovation in complex system industrial: the case of flight simulation [J]. Industrial and Corporate Change, 1995, 4 (2): 362 - 400.

[93] FRIBERG K. Nuts: Southwest Airlines crazy recipe for business and personal success [M]. TX: Bard Press, 1996.

[94] THOMKE S. Customers as innovators: a new way to create value [J]. Harvard business review, 2002, 80 (4): 74 - 81.

[95] WEI Y, MORGAN N A. Supportiveness of prganizational climate market orientation and new product performance in Chinese Firms [J]. Journal of Procuct Innovation Management, 2003 (21): 375 - 388.

# 索 引
## Index

的设计、创新环境和创新能力构成、创新风险和创新效益的评价、创新结果的评价等。产品创新管理需要一套完善的管理运行体系。

产品创新绩效 4，17

它指创新行为与创新效益之间的关系。哈哥多和克洛特（Hagedoom & Cloodt，2003）对创新绩效的理解分广义和狭义：广义的创新绩效指从新产品概念开始，一直到将成型的新产品引入市场，实现技术和产品价值的过程；狭义的创新绩效特指企业将发明创造引入市场获得的经济收益。从经济效益、市场能力、制造能力、研发能力、社会效益、科技贡献、技术实用性和使用范围等多个方面评价创新绩效。

产品生命周期 11，94，95，99，100

产品生命周期是产品的市场寿命，即一种新产品从开始进入市场到被市场淘汰的整个过程。费农认为，产品生命是指市场上的营销生命，产品和人的生命一样，要经历形成、成长、成熟、衰退这样的周期。就产品而言，也就是要经历一个开发、引进、成长、成熟、衰退的阶段。

创新 1-8，10-18，20，22，23，26，27，30-38，40-43，47，48，52-55，58-62，64-69，71，73-80，82，87-90，92-98，100-104

创新是指人类为了满足自身需要，不断拓展对客观世界及其自身的认知与行为的过程和结果的活动。或具体讲，创新是指人为了一定目的，遵循事物发展的规律，对事物的整体或其中的某些部分进行变革，从而使其得以更新与发展的活动。1912年，熊彼特在《经济发展理论》一书中首次提出"创新理论"（innovation theory）。创新者将资源以不同的方式进行组合，创造出新的价值。这种"新组合"往往是"不连续的"，也就是说，现行组织可能产生创新，然而，大部分创新产生在现行组织之外。因此，他提出了"创造性破坏"的概念。熊彼特界定了创新的5种形式：开发新产品、引进新技术、开辟新市场、发掘新的原材料来源、实现新的组织形式和管理模式。彼得·德鲁克提出，创新是组织的一项基本功能，是管理者的一项重要职责。在此之前，"管理"被人们普遍认为就是将现有的业务梳理得井井有条，不断改进质量、流程，降低成本，提高效率等。然而，德鲁克将创新引入管理，明确提出创新是每一位管理者和知识工作者的日常工作和基本责任。

创新理论 16

熊彼特认为，创新就是建立一种新的生产函数，也就是说，把一种从来没有过的关于生产要素和生产条件的"新组合"引入生产体系。这种新组合包括5种情况：① 采用一种新产品或一种产品的新特征；② 采用一种新的生产方法；③ 开辟一个新市场；④ 掠取或控制原材料或半制成品的一种新的供应来源；⑤ 实现任何一种工业的新的组织。因此"创新"不是一个技术概念，而是一个经济概念，它严格区别于技术发明，而是把现成的技术革新引入经济组织，形成新的经济能力。

创新能力 4，12，13，17，35

创新能力是在技术和各种实践活动领域中不断提供具有经济价值、社会价值和生态价值的新思想、新理论、新方法和新发明的能力。

创意　3，6，12，14，15，34，55，79，93，94，103
创意指对创业的一种新启示或新意向，并据此所做的进一步设想或方案。创意是创业设计诞生的开始，因此，创业设计者应从各个方面广泛收集各种创意，以免埋没或遗漏好的商机。创意的来源：① 消费者——消费者需求是开发新产品的起点和归宿，企业应通过各种方式调查搜集消费者的愿望和要求。② 企业的业务人员和经销商——他们最了解市场、消费者需求，对竞争的压力最敏感，是产生新产品构思的重要来源。③ 科技情报——掌握科学技术的新发明、新技术，引发创新构思，客观地分析竞争产品的成功和失败之处，从中找出新的突破点。

颠覆性创新　22
颠覆性创新是引入新技术、新产品或者新服务以推动变革，并在市场竞争中取得优势。此处，"颠覆性"不是指中断或者造成混乱，而是替代。在企业中，颠覆性创新具有一定风险，因为它要求员工迅速适应不同的生产开发或者市场宣传方式。通常，对于深思熟虑的产品，颠覆性变革在一开始似乎会打破当时的设定，但是可以在创造前所未有的新市场机会方面成功证明他们的能力。今天的颠覆性创新案例包括移动手机电话、数字照相机和电子书阅读器。颠覆性创新有时和持续改善的概念有所冲突。持续改善关注的是完成过程中小型的、逐步增加的变革，目的是提高效率和质量。

迭代　6，18，23，30，34，51，63，66，78，94，100，102
迭代是重复反馈过程的活动，其目的通常是为了逼近目标或所需结果。每一次对过程的重复称为一次"迭代"，而每一次迭代得到的结果会作为下一次迭代的初始值。

二次售卖理论　28
二次售卖是指媒介单位先将媒介产品卖给终端消费者（读者、听众、观众），然后，再将消费者的时间（或注意力）卖给广告主的过程。第一次售卖为媒介向受众提供信息，满足受众对信息的需求，消除信息的不确定性，这里售卖的是信息，信息是商品。卖出并不完全遵循市场规律（如廉价报纸和免费的无限电视）；第二次售卖再进行补偿，卖出受众的注意力给广告商，受众的注意力是商品，是"注意力经济""影响力经济"。这是传媒盈利的奥妙所在，是其他经济组织所不具备的。

非竞争性　27，28
非竞争性又被称为"非对抗性""非争夺性""非相克性"，是指在消费过程中一些人对某一产品的消费不会影响另一些人对这一产品的消费，受益者之间不存在利益冲突。换言之，在某种产品的数量给定的条件下，增加消费者的边际成本为零。

个性化　25-28，34，42，48，51，52，54，98，103
顾名思义，就是非一般大众化的东西。在大众化的基础上增加独特、另类、拥有自己特质的需要，打造一种与众不同的效果。有时也叫定制化，指为适应特定个体而裁减服务或产品，有时与一组或一群个体绑定。有很多组织通过个性化提高客户满意度，提高线上销售转化率，提升品牌营销效果，改进网站指标以及广告。个性化是社交媒体和推荐系统中的一个关键元素。

互联网产品　3，21
互联网产品的概念是从传统意义上的"产品"延伸而来的，是在互联网领域中产出而用于经营的商品，它是满足互联网用户需求和欲望的无形载体。简单来说，互联网产品就是指网站为满足用户需求而创建的用于运营的功能及服务，它是网站功能与服务的集成。例如"微博"是新浪的产品，"QQ""微信"是腾讯的产品，"网易邮箱"是网易的产品。

即时信息　25
即时信息（instant messaging，IM）指可以在线实时交流的工具，也就是通常所说的在线聊天工具。

李克特量表　7
李克特量表（Likert scale）是属评分加总式量表中最常用的一种，属同一构念的这些项目用加总方式来计分，单独或个别项目是无意义的。它是由美国社会心理学家李克特于1932年在原有的总加量表基础上改进而成的。该量表由一组陈述组成，每一陈述有"非常同意""同意""不一定""不同意""非常不同意"5种回答，分别记为5、4、3、2、1，每个被调查者的态度总分就是他对各道题的回答分数的加总，这一总分可说明他的态度强弱或他在这一量表上的不同状态。

连带外部效应　27
连带外部效应是指某人对某种产品的需求而影响其他消费者对这种产品的需求。换句话说就是一个消费者对某种产品的需求可以刺激或抑制他人对这类产品的需求。

牛津创新手册　3，5
《牛津创新手册》是2009年6月1日由知识产权出版社出版的图书，主编是詹·法格博格，戴维·莫利，理查德·纳尔逊。本书集几十年来创新研究之大成，各章的作者都是其所在研究领域中的学术带头人，包括了经济学家、地理学家、历史学家、心理学家和社会学家。《牛津创新手册》主编既有社会科学的背景，又有工程学的背景，他们从各个角度对创新进行分析和定义，概括而全面地介绍了创新的研究成果，起到了正本清源的作用。

排他性　27，28
排他性在经济学中是指当一类物品（财产）归某位消费者或某类消费人群所拥有并控制时，就可以把其他消费者排斥在获得该商品的利益之外。其为一种生产或消费领域中的价值性外力（积极或消极地）影响一些人无法完全参与自主的交换。排他性是私人物品的一个特征。

评价指标体系　13，16
评价指标体系是指由评价对象各方面特性及其相互联系的多个指标，所构成的具有内在结构的有机整体。为了使指标体系科学化、规范化，在构建指标体系时，应遵循以下原则：① 系统性原则；② 典型性原则；③ 动态性原则；④ 简明科学性原则；⑤ 可比、可操作、可量化原则；⑥ 综合性原则。

轻应用　103
LAPP（light app）即轻应用，是一种无须下载、即搜即用的全功能 APP，既有媲美甚至超越 native app 的用户体验，又具备 web app 的可被检索与智能分发的特性，将有效解决优质应用和服务与移动用户需求对接的问题。2013 年 8 月 22 日，百度在 2013 年百度世界大会上宣布推出"轻应用"，可实现无须下载、即搜即用和通过移动搜索的功能。

权重　16，69，70，73，74，80，87，104
权重是一个相对的概念，是针对某一指标而言。某一指标的权重是指该指标在整体评价中的相对重要程度。权重表示在评价过程中，对被评价对象的不同侧面的重要程度的定量分配，对各评价因子在总体评价中的作用进行区别对待。权重是要从若干评价指标中分出轻重来，一组评价指标体系相对应的权重组成了权重体系。

受众　28，35
受众是指媒介产品的消费者。通过任何广告媒介接触的观众或听众，都有数量、特征方面的不同需要。这些不同可使广告做到有的放矢。在传播学概念中，受众是指一切大众传媒的接受对象，比如电视的观众、广播的听众、报纸的读者，是信息传播的终端或次终端。

三网融合　1，21，25
三网融合是指电信网、广播电视网、互联网在向宽带通信网、数字电视网、下一代互联网演进过程中，通过技术改造，技术功能趋于一致，业务范围趋于相同，网络互联互通、资源共享，能为用户提供语音、数据和广播电视等多种服务。三合并不意味着三大网络的物理合一，而主要是指高层业务应用的融合。三网融合应用广泛，遍及智能交通、环境保护、政府工作、公共安全、平安家居等多个领域。三者之间相互交叉，形成你中有我、我中有你的格局。

商业模式　16，23，25，27，29，48，50，52，54，74，93
为实现客户价值最大化，把能使企业运行的内外各要素整合起来，形成一个完整的高效率的具有独特核心竞争力的运行系统，并通过最优实现形式满足客户需求、实现客户价值，同时使系统达成持续赢利目标的整体解决方案。商业模式的设计是商业策略（business strategy）的一个组成部分。商业模式和商业模式设计指的是在公司战略层面上对商业逻辑（business logic）的定义。

社交媒体　9，21，24，25，27，102
社交媒体是人们用来创作，分享、交流意见、观点及经验的虚拟社区和网络平台。社交媒体和一般的社会大众媒体最显著的不同是让用户享有更多的选择权力和编辑能力，自行集结成某种阅听社群。并且社会媒体能够以多种不同的形式来呈现，包括文本、图像、音乐和视频。

特征理论　10
20 世纪 60 年代中期，凯尔文·兰卡斯特提出了特征理论，他认为人们的"商品需求"不是因为商品对他们有用，而是因为它们拥有一定的特征。特征是身份的象征、文化的认同和风格的体现，使用具有新特征的新产品的行为，是个性的彰显。

UGC　21，26
互联网术语，全称为 user generated content，也就是用户生成内容，即用户原创内容，是伴随着以提倡个性化为主要特点的 Web2.0 概念而兴起的，也可叫做 UCC。它并不是某一种具体的业务，而是一种用户使用互联网的新方式，即由原来的以下载为主变成下载和上传并重。

微博　9，21，24 - 27，95，102
Weibo，即微型博客（microblog）的简称，也是博客的一种，是一种通过关注机制分享简短实时信息的广播式的社交网络平台。微博是一个基于用户关系的信息分享、传播以及获取的平台。用户可以通过 Web、Wap 等各种客户端组建个人社区，更新文字、图片信息，并实现即时分享。

微信　9，21，25 - 27，41，96，100，102，103
Wechat，是腾讯公司于 2011 年 1 月 21 日推出的一个为智能终端提供即时通信服务的免费社交程序，微信支持跨通信运营商、跨操作系统平台通过网络快速发送免费（需消耗少量网络流量）语音短信、视频、图片和文字，同时，也可以使用通过共享流媒体内容的资料和基于位置的社交插件"摇一摇""漂流瓶""朋友圈""公众平台""语音记事本"等。

系统工程　1，26，87，100
系统工程是一个用于实现产品的跨学科方法。通过它，能够把每个产品作为一个整体来理解，并更好地构建产品规划、开发、制造和维护过程。企业利用系统工程来对一个产品的需求、子系统、约束和部件之间的交互作用进行建模/分析，并进行优化和权衡，以在整个产品生命周期做出重要决策。

行动者网络理论　31，32，40，42
行动者网络理论是 20 世纪 80 年代中期，由以法国社会学家卡龙（Callon）和拉图尔（Latour）为代表的（巴黎学派）科学知识社会学家提出的理论。1986 年，卡龙在《行动者网络的社会学：电动车案例》一文中首先提出这个新概念。文中，卡龙描述了法国电器公司（EDF）在 1973 年提出的开发新型电动车计划，这个计划需要法国电力总公司（CGE）来开发电池发动机和第二代蓄电池，还要求雷诺公司负责装配底盘、制造车身。另外，还要考虑消费者、政府部门、铅蓄电池等社会甚至是非社会因素。这些因素都是"行动者"，共同构成了相互依存的网络世界。

熊彼特    3，16，103
被誉为"创新理论"的鼻祖。1912 年，他在其所著的《经济发展理论》一书中提出了"创新"理论及其在经济发展中的作用，轰动了当时的西方经济学界。《经济发展理论》创立了新的经济发展理论，即经济发展是创新的结果。其代表作有《经济发展理论》《资本主义、社会主义与民主》《经济分析史》等，其中《经济发展理论》是他的成名作。

新产品    1－7，10，11，14，15，17－20，22，24，27，29，30，32，34，36－38，47，48，51，53，54，69，74，75，79－82，84，88，89，92－98，100，102－104
我国国家统计局对新产品的定义为使用新技术原理、新技术构思而研制生产的全新产品，通过明显改善原有产品的结构、材质、工艺等，从而显著提升产品的功能包括扩大使用功能，提升用户体验的产品。

新媒体产品    1－4，6，7，10，11，18，20－23，26－38，40－43，47，48，52－55，59－62，64，65，67－69，71，73，74，76，77，80，82，87－89，92－95，97－104
其本质是媒体产品，具有媒体功能和属性，按照媒体四功能划分，新媒体产品主要分为以下四大类：① 内容信息产品；② 社交服务产品；③ 休闲娱乐产品；④ 电子商务产品。

新媒体    1－9，17，20－31，33－37，42，43，45－47，71，73，77，87，89－91，93，96－98，100－104
美国《连线》杂志对新媒体的定义为所有人对所有人的传播。联合国教科文组织对新媒体下的定义为以数字技术为基础，以网络为载体进行信息传播的媒介。新媒体是能对大众同时提供个性化内容的媒体，是让传播者和接受者融汇成对等的交流者，而无数的交流者相互间可以同时进行个性化交流的媒体。

研发    2，4－9，11，13，17，18，22，32，34，35，37，45－48，51，52，54，55，58－61，74，75，77－80，82－84，87－91，93，94，96－98，100，104
研发是指各种研究机构、企业为获得科学技术（不包括人文、社会科学）新知识，创造性地运用科学技术新知识，或实质性地改进技术、产品和服务而持续进行的具有明确目标的系统活动。一般指产品、科技的研究和开发。研发活动是一种创新活动，需要创造性的工作。

移动社交    78
移动社交是指用户以手机、平板等移动终端为载体，以在线识别用户及交换信息技术为基础，按照流量计费，通过移动网络来实现的社交应用功能，移动社交不包括打电话、发短信等通信业务。与传统的 PC 端社交相比，移动社交具有人机交互、实时场景等特点，能够让用户随时随地创造并分享内容，让网络最大限度地服务于个人的现实生活。

用户体验　11，18，22，27，36，42，48，50，52 - 54，75，80，81，83，84，87，88，93，98，100，101
用户体验是指一种在用户使用产品过程中建立起来的纯主观感受。用户体验设计的核心和本质，就是研究目标用户在特定场景下的思维方式和行为模式，通过设计提供产品或服务的完整流程，影响用户的主观体验，并让用户花最少的时间与投入来满足自己的需求。

智能化　21
智能化是指事物在网络、大数据、物联网和人工智能等技术的支持下，所具有的能动地满足人的各种需求的属性。比如无人驾驶汽车，就是一种智能化的事物，它将传感器物联网、移动互联网、大数据分析等技术融为一体，从而能动地满足人的出行需求。它之所以是能动的，是因为它不像传统的汽车需要被动的人为操作驾驶。

准公共产品　27，28
准公共产品是指具有有限的非竞争性或有限的非排他性的公共产品，它介于纯公共产品和私人产品之间，如教育、政府兴建的公园、拥挤的公路等都属于准公共产品。对于准公共产品的供给，在理论上应采取政府和市场共同分担的原则。